SCHRIFTSCHULE

Ein Lehrbuch
für Schrift und Schreiben

von

HANS KÜHNE

GEORG KALLMEYER VERLAG WOLFENBÜTTEL

Abbildungen: Hans Kühne
Umschlaggestaltung: Hans-Frieder Kühne

8. Auflage

Printed in Germany ISBN 3 7800 6001 9

Bestellnummer: 6001

Inhaltsverzeichnis

Vorwort

Die lebendige Wechselbeziehung zwischen dem Vorbild des Lehrers an der Wandtafel und der Leistung des Schülers im Übungsheft ist wichtig für den, der sich mit dem Schreiben der sogenannten »Kunstschrift« befassen will.

Die »Schriftschule« soll daher dem Lehrer für den Unterricht ein Anhalt und Leitfaden sein, für den Schüler bietet sie Übungsstoff und Beratung. Darüber hinaus ist sie für den Selbstunterricht und die Fortbildung aller Beruflich- und Privatinteressierten gedacht. Außer dem Erlernen des Schreibens und der Kenntnis von Schriften vermittelt die »Schriftschule« die Techniken der Schriftanwendung, die in der Praxis gebraucht werden; z. B. gezeichnete Schriften, Pinselschriften, geschnittene Schriften und Schablonenschriften, deren Anwendung die Beherrschung der geschriebenen Schrift voraussetzt. Schrift und Schreiben wollen erlernt sein, wie jede handwerkliche Tätigkeit; sie erfordern Übung und ernsthaftes Bemühen. Eine Erläuterung der wichtigsten Fachausdrücke, die im Text auftreten, und anderer, zum Verständnis der Schrift dienender Hinweise, ergänzen die praktischen Übungen.

Die abgebildeten Schriftbeispiele sind nur soweit retuschiert, wie es für die Wiedergabe unerläßlich schien. Eine geschriebene, gemalte oder gezeichnete Schrift soll die Eigenart des Schreibwerkzeuges und die Handarbeit des Schreibers erkennen lassen. Sie muß nicht aussehen wie »gedruckt«.

Die »Schriftschule« möchte ein Lehrbuch sein, das Anleitung gibt zur Erlernung der handwerklichen Fähigkeiten. Sie soll einen Einblick vermitteln in die Zusammenhänge von formalen und künstlerischen Gesetzmäßigkeiten, deren Kenntnis für die richtige Anwendung der Schrift auf allen Gebieten unerläßlich ist.

Hamburg, den 1. Februar 1954. Hans Kühne

Allgemeines über Schrift

Schrift ist Verständigungsmittel genau wie die Sprache. Während das gesprochene Wort verfliegt, bleibt die Schrift unter Umständen noch nach Jahrhunderten sichtbar. Da der Schrift wie der Sprache eine Denkhandlung vorausgeht, die vom Geist des Menschen bestimmt wird, ist Schrift m e h r als Verständigungsmittel. Schrift ist Kulturgut, sie ist der Ausdruck lebendigen Denkens und Fühlens. Alle Stilepochen fanden in der Schrift ihren sichtbaren, bleibenden Niederschlag.

»Schrift kommt von Schreiben.« Dieser um die Jahrhundertwende von Rudolf v. Larisch ausgesprochene Satz ist die Grundlage aller Schriftanwendung in ihren vielfachen Erscheinungsformen. Ehe der Bildhauer der Antike eine Schrift in Stein meißelte, hat er die Vorlage geschrieben. In der römischen Großbuchstabenschrift (KAPITALIS) sind die unterschiedlichen Strichstärken so zu erklären, daß durch das Schreibwerkzeug, je nach Handhabung und Linienführung, folgerichtig verschieden breite Striche entstanden.

Es kann nur von mangelnder Einsicht in die Grundgesetze der Schrift zeugen, wenn gesagt wird, daß Schriftschreiben und Schreibfertigkeit gegenwartsfremde Tätigkeiten sind, derer das Wirtschaftsleben heute nicht mehr bedarf. Fast j e d e der vielen heute angewandten Schriften läßt sich mit dem Schreibwerkzeug schreiben oder daraus entwickeln. Durch das Schreiben entsteht eine organische Richtigkeit, die als Voraussetzung individueller Prägung gefordert werden muß. Selbst der Schriften-M a l e r, der eine mit Lineal und Zirkel angefertigte Pause überträgt und mit einem spitzen Pinsel die Konturen vor- und dann ausmalt, spricht vom »S c h r e i b e n«. Die Anforderungen an die Schrift sind heute so vielfältig, daß der ursprünglich geschriebene Buchstabe nicht immer gleich die letzte Form ist. Oft muß an der Gesamtform oder an den Endungen nachgearbeitet werden (bei der Antiqua mehr als an den deutschen Schriften). Das ist eine Frage des gereiften Formgefühls und der handwerklichen Erfahrung. Immer aber ist eine geschriebene Schrift wirtschaftlicher als eine mit Zirkel und Lineal konstruierte oder als eine Schriftpause, denn diese bedarf der endgültigen Ausführung, wodurch sich in jedem Fall die Arbeitszeit erhöht.

Meistens leidet durchs Vorzeichnen die ursprüngliche Frische und Lebendigkeit der Schrift, die beim direkten Schreiben immer gewährleistet ist. Wenn auch ohne Zweifel alle Schriften gezeichnet werden können, ja in vielen Fällen gezeichnet werden müssen, so ist doch zu empfehlen, den ersten Entwurf zu schreiben und dann erst zu überzeichnen und nachzuarbeiten. Eine gezeichnete Schrift erscheint zuerst nur als Kontur, daher darf man sich nicht wundern, wenn beim Ausfüllen derselben manchmal ein unbeabsichtigtes Schriftbild entsteht. Da in der Praxis vielfach gezeichnete Schriften verlangt werden, ist auch das »Schriftzeichnen« eine unerläßliche Übung.

Abb. 1

Das Schreiben ist ein Bewegungsvorgang, darum müssen die Schreibwerkzeuge, Bleistift, Federhalter und Pinsel, so locker gehalten werden, daß kein Schreibkrampf eintritt. Der Zeigefinger ruht beim Schreiben ausgestreckt auf dem Schreibgerät (Abb. 1). Auf keinen Fall darf dieses so festgehalten werden, daß das zweite Fingerglied einen Höcker bildet (Abb. 2). Die Handhaltung soll so sein, daß man auf den Handrücken sehen kann, mit einer Ausnahme, wenn bei schwierigeren Schriften die Feder gedreht wird.

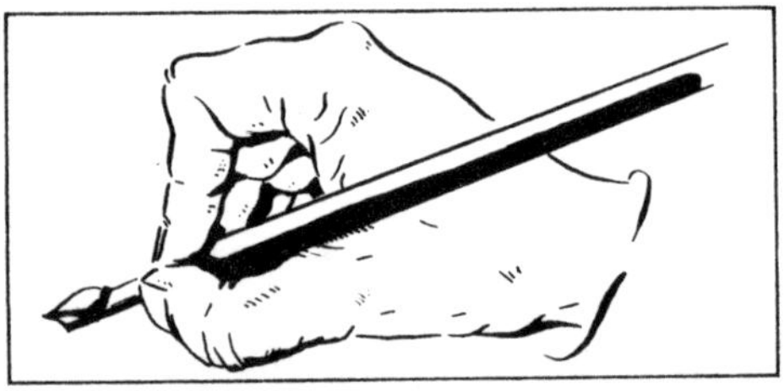

Abb. 2

Die ersten Schreibübungen erfolgen am besten auf 5 mm kariertem Papier, damit man auch für die senkrechten Striche eine Kontrolle hat, da mancher die Eigenart zeigt, nach rechts oder links geneigt zu schreiben. Die Unterkante des Blattes oder Übungsheftes soll parallel zur Tisch- oder Reißbrettkante liegen. Es ist nicht nötig, die Schreibfläche mit Reißbrettstiften zu befestigen, damit bei langen Zeilen und großen Schriftflächen das Papier verschoben werden kann. Die Körperhaltung zu verändern oder zu verbiegen ermüdet und führt zu Verkrampfungen.

Zum Schreiben und Schriftzeichnen braucht man Licht, dessen Quelle stets von links kommen soll, damit der Schatten nicht vor das Schreibgerät und vor die Hand fällt. Die Schreibfläche muß glatt sein. Ob diese schräg (Reißbrett) oder waagerecht (Tisch) steht, ist belanglos. Die Schreibflüssigkeit steht am besten rechts vom Schreiber. Der Augenabstand von der Schrift soll etwa 30 cm betragen. Zweckmäßig ist es, während der Arbeit ab und zu zurückzutreten, und dieselbe aus größerer Entfernung mit blinzelnden Augen auf Gleichmäßigkeit und Gesamteindruck (auf die Grauwirkung) zu kontrollieren. Immer benötigen wir beim Schreiben soviel Platz, daß beide Ellenbogen aufliegen können. Das Handgelenk darf nicht auf der Tischkante liegen. Die Füße des Schreibenden sollen beim Sitzen fest auf dem Boden ruhen; sie dürfen nicht in der Luft baumeln oder in verschränkten Stellungen die Körperhaltung verkrampfen.

Bei fast allen Schriften, mit Ausnahme der Kurrent- und Kursiv-Schriften (Schrägschriften), wird jeder Strich ohne abzusetzen von oben nach unten geschrieben. Keinesfalls wird ein Buchstabe, wie z. B. E oder O in einem Zuge geschrieben. An den Wende- und Ansetzungspunkten wird die Feder neu aufgesetzt.

Man nehme ein Übungsblatt oder eine Schriftskizze genau so wichtig und ernst wie eine auszuführende Arbeit. Jeder, der Schreiben lernen will, stelle an sich die Forderung, die Buchstaben mit größter Sorgfalt zu schreiben. Daher schmiere man nicht willkürlich beim Üben darauflos, verbessere nicht eine ungelungene Form, streiche sie nicht durch, sondern schreibe sie neu daneben. Man vergleiche die Einzelform immer mit der Vorlage und bemühe sich, diese genau n a c h z u b i l d e n. Eine »eigene Art« wird sich ganz von selbst herausbilden, wenn in dem Schreiber die Fähigkeiten dazu vorhanden sind.

Es ist ermüdend und langweilig, ganze Seiten oder Zeilen immer mit ein und demselben Buchstaben zu üben. Die Kunst des Schreibens besteht darin, die v e r s c h i e d e n e n Buchstaben richtig aneinander zu reihen, d. h. die Buchstabenzwischenräume, die Wortabstände und die Innenräume der Buchstaben, insgesamt gesehen den Schrifthintergrund so abzustimmen, daß das Bild der Schriftseite eine gleichmäßige Grauwirkung ergibt. Das Wort, die Zeile, die ganze Seite sollen weder zusammengedrängt noch viel weniger auseinanderfallend wirken. Hervorhebungen oder Auszeichnungen schreibt man farbig, kursiv oder in nur Großbuchstaben.

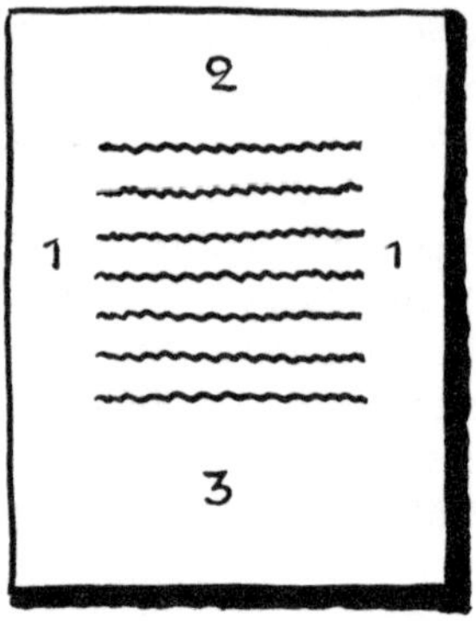

Abb. 3

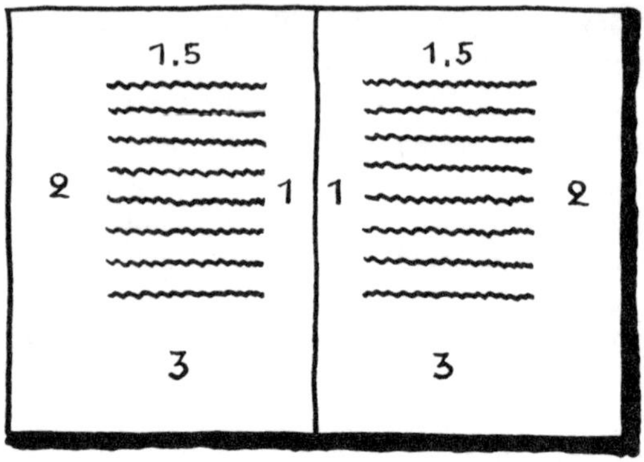

Abb. 3a

Jedes Blatt braucht rechts und links, oben und unten genügend weißen Rand. Die Randverhältnisse sind bei einseitig beschriebenem Blatt (Abb. 3) rechts und links gleich, oben zwei, unten drei, bei einer Doppelseite wie Abbildung 3 a zeigt, wobei eins als Maßeinheit gilt. Es kommt dabei natürlich auf die Menge des Textes an, so daß man von dieser Regel auch abweichen darf.

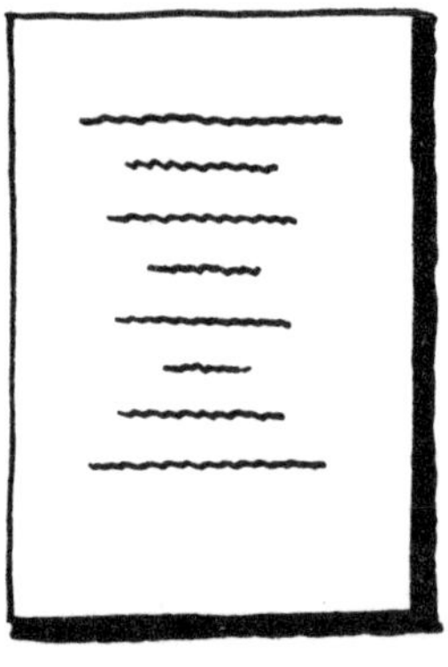

Abb. 4

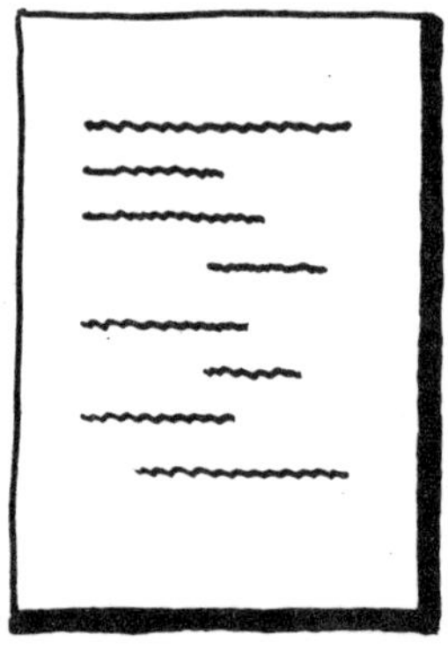

Abb. 5

Ein geschriebener Text braucht nicht immer in Blockform zu stehen, diese läßt sich oft wegen der unterschiedlichen Wortlängen nicht erreichen. Die rechts auslaufenden Zeilen müssen nicht unbedingt untereinander eine senkrechte Linie bilden, wie links am Anfang der Zeile. Eine oder nur wenige Zeilen auf einem Blatt stellt man auf Mittelachse (Abb. 4), oder anaxial (Abb. 5), wobei man allerdings auf den Ausgleich der freibleibenden Stellen achten muß.

Schriftschreiben und Schriftzeichnen sind handwerkliche Tätigkeiten, die jeder erlernen kann. Die künstlerische Entwicklung und Gestaltung neuer Schriften dagegen soll denen überlassen bleiben, die überragendes Können und gestalterische Fähigkeiten in sich vereinen. Eine saubere, handwerkliche Arbeit ist wertvoller als unfertiger, genialischer Dilettantismus.

Eine neue Schriftform läßt sich nicht »erfinden«. Alle Buchstaben sind gebunden an die Lesbarkeit, an überlieferte Grundformen, an einen organisch gewachsenen Schriftcharakter, an das jeweils geltende Stilgefühl und an den Zweck der Schrift.

Man kann nicht jeden Text in jeder Schriftart schreiben oder drucken, denn vom Inhalt her muß die Schrift gewählt werden.

Es ist besser, e i n e Schriftart gründlich zu beherrschen und an ihr das Handwerkliche des Schreibens und das Schriftgefühl zu erlernen, um damit die Voraussetzungen zu schaffen, andere Schriftarten zu erarbeiten, denn das Üben vieler Schriftformen zu gleicher Zeit verwirrt und erschwert die Bildung eines echten Schriftgefühls.

Werkzeug und Material

Der Bleistift

Der Bleistift ist ein Hilfsschreibgerät; er dient hauptsächlich zum Linieren der Hilfslinien, daher soll er gut gespitzt und nicht zu weich sein. Die Hilfslinien werden so dünn gezogen, daß man sie gerade noch erkennen kann. Ungenaue Abstände der Hilfslinien beeinträchtigen die Gleichmäßigkeit der Schriftgröße. Die Abstände der Hilfslinien gibt man sich am besten mit einem Stechzirkel an. Je ordentlicher und gewissenhafter die Arbeit des Linierens vorgenommen wird, desto größer ist die Freude über eine gute, gelungene Schreibarbeit.

Zwei nebeneinander mit einem Gummiband verbundene Bleistifte, deren Abstand man durch ein dazwischengelegtes Stückchen Holz noch verbreitern kann, dienen bei größeren Schriftformen zum Vorskizzieren (Abb. 6). Man kann dazu auch einen im Handel erhältlichen Dyograph oder einen Gruso-Schreiber verwenden. Für kleinere Schriften nimmt man zum Vorskizzieren einen weichen, keilförmig wie eine Schreibfeder gespitzten Bleistift (Abb. 7). Wenn es nicht möglich ist, auf einem Untergrund mit Schreibflüssigkeit zu schreiben, nimmt man einen sehr weichen, keilförmig gespitzten Bleistift, man kann damit genau wie mit einer Breit-

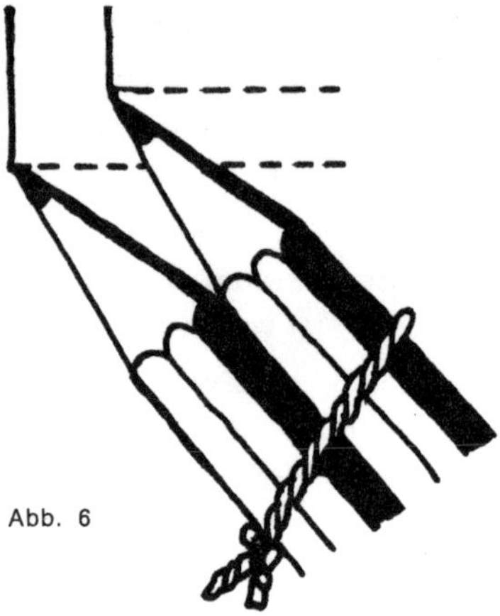

Abb. 6

Abb. 7

feder arbeiten; es entsteht so eine besonders reizvolle Wirkung. Da sich die Bleiminen schnell abschreiben, muß man sie häufiger auf einem Stück Sandpapier oder auf einer Feile in die schreibfähige, keilförmige Form schleifen.

Die Feder

Früher gebräuchliche Gänsekielfedern, Rohrfedern oder Quellstifte sind für den allgemeinen Gebrauch nicht mehr zu empfehlen, da die Schreibfederindustrie heute Stahlfedern für alle Zwecke herstellt.

Abb. 8

Die sogenannte Gleichzugfeder (Abb. 8), bei der jeder Strich in jeder Linienführung gleich stark wird, ist im Handel als Redis-, Ornament- oder Plattenfeder erhältlich. Sie gibt bei Druck nicht nach.

Die Breitfeder (Abb. 9) ergibt – je nach ihrer Schrägstellung und Linienführung – ohne sie beim Schreiben in ihrer Lage zu verändern, bei Drehung der Feder sowie beim Aufdrücken verschiedene Strichstärken. Sie ist im

Handel als TO- und ATO-Feder, Rundschriftfeder, Bandzug- oder Wechselzugfeder zu beziehen. Die Federn sind immer sauberzuhalten. Vor jedem neuen Gebrauch prüfe man nach, ob sich nicht eine Kruste gebildet hat.

Abb. 9

Wenn diese nicht beseitigt wird, entstehen beim Schreiben Kleckse. Viele Breitfedern besitzen an Stelle von Überfedern sogenannte Unterfedern (Abb. 10). Beide dienen dazu, häufiges Füllen zu ersparen. Das Füllen geschieht beliebig entweder durch direktes Eintauchen oder mit Pinsel, Pipette oder Tuschpatronen. Beim Eintauchen ist zu beachten, daß durch Abstreichen der Feder am Rand des Gefäßes die zuviel gefaßte Flüssigkeit

Abb. 10

zurückfließt. Die Über- bzw. Unterfeder darf nicht zu dicht an die Schreibkante der Feder geschoben werden, der Abstand soll etwa 2 bis 3 mm betragen.

Der Federhalter

Ein runder Federhalter ist besser als ein eckiger. Guter Sitz der Feder im Halter ist wichtig. Der Federhalter darf nicht so kurz gehalten werden, daß die Fingerspitzen die Feder berühren. Praktisch sind die Federhalter, bei denen sich an beiden Enden Federn einstecken lassen.

Der Pinsel

Man bedient sich der verschiedensten Pinsel, wenn es wegen des Schreibgrundes nicht mehr möglich ist, eine Feder zu gebrauchen (Abb. 11).

Auf rauher Fläche, Holz, Stoff, Bast, Wänden und auf Glas läßt sich nur mit einem Pinsel schreiben. Die bei Schablonen- und Ringpinseln entstehenden Ecken müssen mit einem anderen Pinsel ausgeglichen werden. Der spitze Pinsel gibt beim leisesten Druck nach, daher ist sein Gebrauch nur den geübten Schreibern zu empfehlen; sehr geeignet ist er zum

Konturenziehen. Für fast alle Schriftarten eignen sich die Flach- oder Plattpinsel aus Borsten oder Haar, diese sind in Spezialanfertigung als Plakatschreiber erhältlich, sie nehmen besonders viel Schreibflüssigkeit in

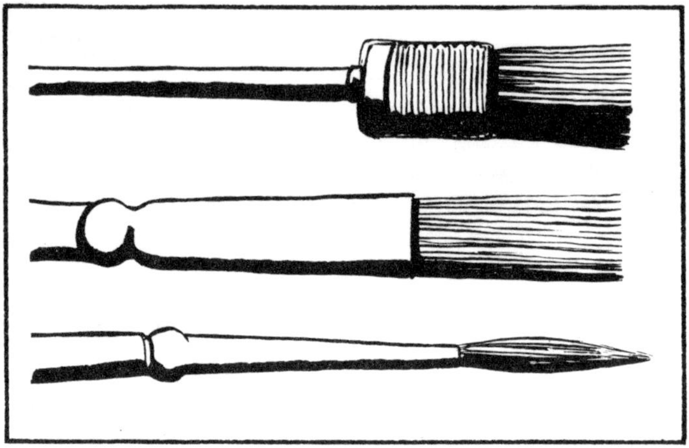

Abb. 11

sich auf. Nach dem Gebrauch ist jeder Pinsel gründlich, bei Ölfarbe mit Terpentin und Seife, bei Tempera- und Kaseinfarben mit Seife auszuwaschen, sonst ist die Verwendbarkeit bald dahin.

Die Schreibflüssigkeit

Für Federn ist schwarze Tusche oder Scribtol am gebräuchlichsten. Bei farbigen Schriften nimmt man farbige Tusche, Aquarell- oder Temperafarben und Kaseinfarben, die entsprechend verdünnt werden müssen, damit sie beim Schreiben gut aus der Feder oder aus dem Pinsel fließen. Normale Füllhaltertinte trocknet nicht gleichmäßig deckend. Gut deckend ist schwarze Notentinte. Für verschiedene Farben und Flüssigkeiten soll man nicht die gleiche Feder verwenden. Für Pinselschriften nimmt man am besten Leim-, Tempera- oder Plakafarben. Die letzteren sind wetterfest. Mit Farben auf Ölbasis läßt sich nur schreiben, wenn diese entsprechend verdünnt sind; manchmal ist es bei ölhaltigen Farben notwendig, ein zweites und drittes Mal darüber zu schreiben; ein Zusatz von Lack erhöht die Schreibfähigkeit. Durchscheinende Schrift auf Glas wird gestupft oder gespritzt, wobei die Stellen, die keine Farbe erhalten sollen, mit Stanniolpapier abgedeckt werden. Das Vergolden der Schrift mit Blattgold erfordert besondere Erfahrung. Verhältnismäßig einfach geht es mit Durchschreibe-Goldfolien.

Der Schreibuntergrund

Fast jeder Untergrund läßt sich mit geeigneter Schreibflüssigkeit beschriften. Für die ersten Schreibübungen ist gut geleimtes Papier zu empfehlen, weil darauf Tuschen und Tinten nicht auslaufen. Bessere Papierarten sind Zeichenpapiere oder Büttenpapiere. Mit richtig gebundenen Farben läßt sich auch auf saugfähigem Papier und auf Glas schreiben. Rauhe Untergründe ergeben bei borstigen Pinseln oder Ölkreiden eine granierte Schrift. Für edle Arbeiten, wertvolle Urkunden, Glückwünsche usw. nimmt man handgeschöpfte Büttenpapiere, Kalb- oder Ziegenpergament, das vor dem Beschreiben mit Alkohol und Bimssteinpulver abgerieben werden muß.

Die Schriftarten

Antiquaschriften

Die Blockschrift

Wir schreiben diese Schrift nur mit der Gleichzugfeder. Um uns mit ihr vertraut zu machen, nehmen wir eine Federgröße Nr. 2 und setzen diese so auf das Papier auf, daß das runde Plättchen an der Spitze der Feder genau auf dem Papier aufliegt (Abb. 12a). Es darf nicht nur ein Teil

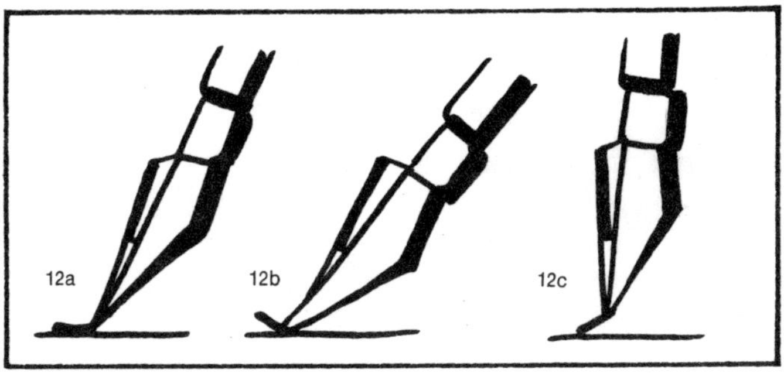

Abb. 12

des Plättchens das Papier berühren, da der Strich sonst ungleich wird (Abb. 12b u. 12c). Bei richtiger Federlage entsteht ein Strich, der genau die Breite hat wie der Durchmesser des Plättchens. Niemals braucht man beim Schreiben mit der Gleichzugfeder aufzudrücken, denn diese gibt mühelos den der Federbreite entsprechenden Strich. Die Feder soll beim Schreiben weder gedreht noch verkantet werden. Alle senkrechten, waagerechten und runden Linienführungen werden bei richtiger Federlage immer gleich dick. Die Eigenart des runden Plättchens ergibt beim Ansatz und am Ende der Striche runde Ecken.

Neuerdings ist im Handel auch eine Gleichzugfeder zu haben, bei der die Ecken scharfkantig sind. Da das Plättchen aber bei dieser Feder nicht quadratisch ist, können wir sie für die reine Blockschrift nicht verwenden. Nachdem wir die Eigenart der Feder kennengelernt haben, zählen wir auf kariertem Papier drei Kästchen für die Schrifthöhe und ein Kästchen für den Zeilenzwischenraum ab und fahren mit einem Bleistift die vorgedruckten Linien noch einmal ganz leicht nach. Als Vorübung beginnen

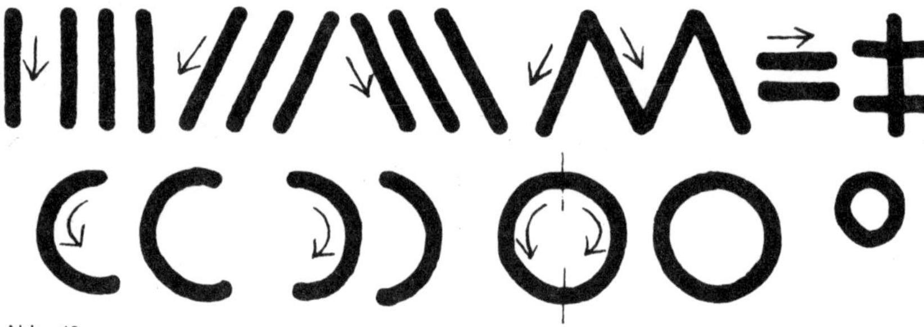

Abb. 13

wir mit einigen Strichformen (Abb. 13). Dann üben wir zuerst die Buchstaben, die sich aus senkrechten und waagerechten Strichen zusammensetzen (Abb. 14). Zuerst wird der senkrechte und dann der waagerechte

Abb. 14

Strich geschrieben. Die Querstriche beim E und F sind gleich lang. Aus optischen Erwägungen sollen alle Querstriche etwas höher als in der geometrischen Mitte liegen, aber weder z u hoch noch z u tief. Nachdem wir die Buchstaben dieser Gruppe einige Male als Einzelformen geübt haben, bilden wir aus ihnen Wörter. Ein Buchstabe läßt sich im Zusammenhang mit einem anderen viel besser erkennen und gestalten, weil man gleichzeitig auf den Abstand der Buchstaben voneinander achten muß. Die Zwischenräume und Innenräume sollen so wirken, als ob sie gleich wären, denn nur so entsteht die gleichmäßige Grauwirkung. Ein willkürliches Nebeneinandersetzen der Buchstaben ohne Rücksicht auf die

Abb. 15a

Abb. 15b

Gesamtwirkung (Abb. 15a) ergibt ein schlechtes Schriftbild. Die Abstände müssen so sein wie bei Abb. 15b. Die Wortzwischenräume sind wegen der Lesbarkeit etwas größer, aber keinesfalls so, daß sich im Gesamtbild große Lücken ergeben.

Abb. 16

Jetzt üben wir die Buchstaben, die sich aus senkrechten, waagerechten und schrägen Strichen zusammensetzen (Abb. 16). Beim M dürfen die Außenschenkel nicht mit den inneren Strichen parallel laufen, sie sollen aber auch nicht ganz senkrecht stehen. Das W setzt sich aus zwei V zusammen, die sich in der Mitte kreuzen, dabei entstehen oben und unten als Hintergrund zwei gleichgroße Dreiecke.

Nachdem wir wieder Wörter aus diesen Buchstaben gebildet haben (Abb. 17), schreiben wir die letzte Gruppe, die sich aus Rundungen zusammensetzt (Abb. 18). Beim O wird erst die linke Hälfte und dann wieder, oben beginnend, die rechte Hälfte daneben geschrieben. Wir bemühen uns, die Rundungen kreisförmig zu schreiben, keine Oval- oder Eierform.

Abb. 17

Das P hat oben einen etwas größeren Halbkreis als B und R. Das S besteht aus zwei übereinandergesetzten Halbkreisen die optisch gleich groß erscheinen sollen, dazu muß der untere Halbkreis etwas größer sein als der obere (Abb. 19).

Abb. 18

Vor dem Üben des ganzen Alphabetes (Abb. 20) in richtiger Reihenfolge ist es notwendig, daß wir uns über die Breitenverhältnisse der einzelnen Buchstaben klarwerden. Es sind nicht alle Buchstaben des Alphabetes gleich breit. Die 26 Großbuchstaben lassen sich in verschiedene Breitengruppen einteilen. Diese Breitengruppen entsprechen in ihren Verhältnissen etwa denen der römischen Kapitalis, wie wir sie noch heute auf Bauwerken und Grabmalen der Römer vorfinden. Diese Verhältnisse werden für alle Zeiten Gültigkeit haben.

Es wird nicht behauptet, daß die hier festgelegten Maßverhältnisse unabänderlich sind. Man kann nach der einen und nach der anderen Seite Abweichungen vornehmen müssen, sie sollten dann aber zumindest im

Abb. 19

Abb. 20

Gesamtbild der mit *diesen* Breitenverhältnissen erzielten Wirkung gleichkommen (Abb. 21). Die Grundlage ist das Quadrat. Folgende Buchstaben haben etwa gleiche Breiten:

Die Buchstaben A, V, O, Q nehmen $^{8}/_{8}$ des Quadrates ein.
Die Buchstaben C, G, H, N, U, X, Y, Z nehmen $^{7}/_{8}$ des Quadrates ein.
Die Buchstaben K, D, T nehmen $^{6}/_{8}$ des Quadrates ein.
Die Buchstaben J, E, F, L, B, P, R, S nehmen $^{1}/_{2}$ des Quadrates ein.
Die Buchstaben M und W überschreiten das Quadrat auf jeder Seite um $^{2}/_{8}$.

Nachdem wir uns mit diesen Breitenverhältnissen, die neben der Blockschrift für alle anderen Antiqua-Schriften (Schrägfeder-Antiqua, Breitfeder-Antiqua, Rustika, Mediaeval, Egyptienne und klassische Antiqua) bindend sind, befaßt haben, schreiben wir einen fortlaufenden Text. Man wähle aber einen solchen Text, der nicht von dem eigentlichen Zweck, dem Schreibenlernen, ablenkt. Es hat sehr wohl einen Einfluß auf die Schriftformen, *was* man schreibt.

Es ist zu empfehlen, nachdem man ein oder zwei Seiten auf kariertem Papier geübt hat, auf weißes, unliniiertes Papier zu schreiben. Beim

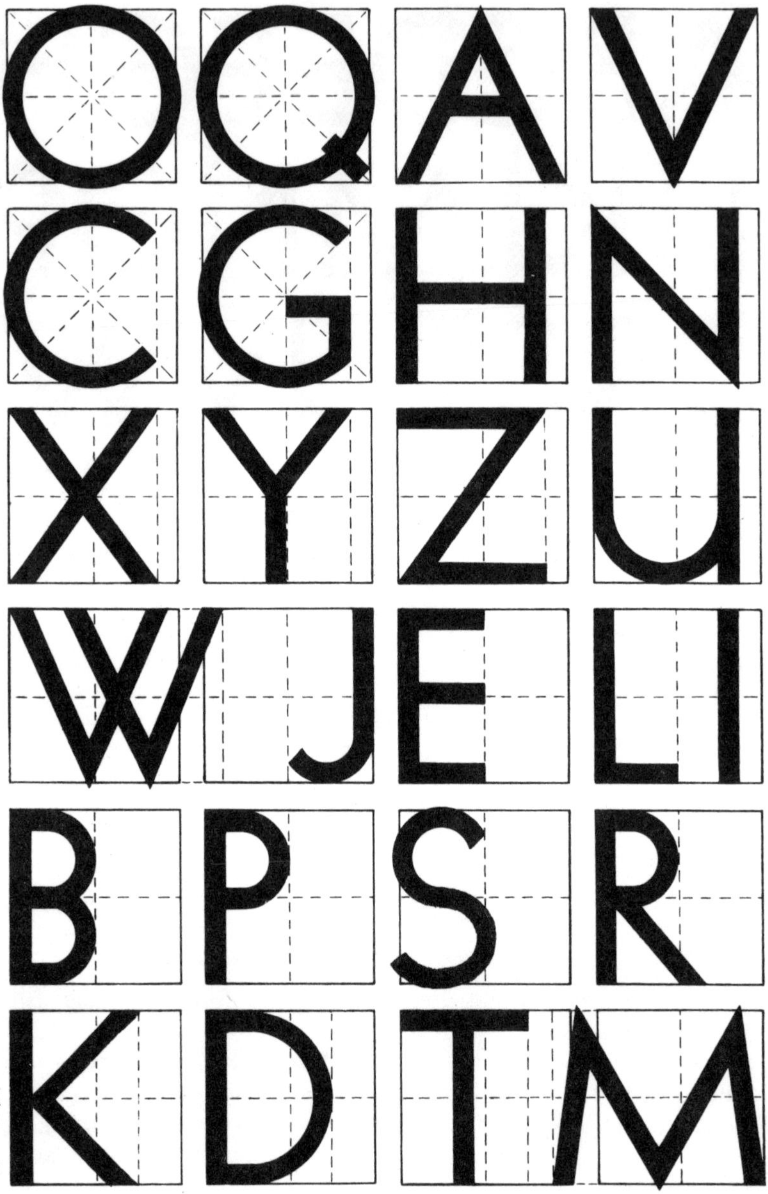

Abb. 21

Ziehen der Hilfslinien mit dem Bleistift achten wir genau darauf, daß die Zeilenabstände gleichbleiben.

Wir nehmen auch einmal eine andere Federbreite und schreiben die Schrift größer oder kleiner, auch im Wechsel mit einer anderen Farbe.

Die Kleinbuchstaben

Aus der römischen Kapitalis, die nur aus Großbuchstaben bestand, entwickelte sich im Laufe der Jahrhunderte über verschiedene andere Schriftformen die sogenannte Minuskel, während man die Großbuchstaben als Majuskeln oder Versalien bezeichnet.

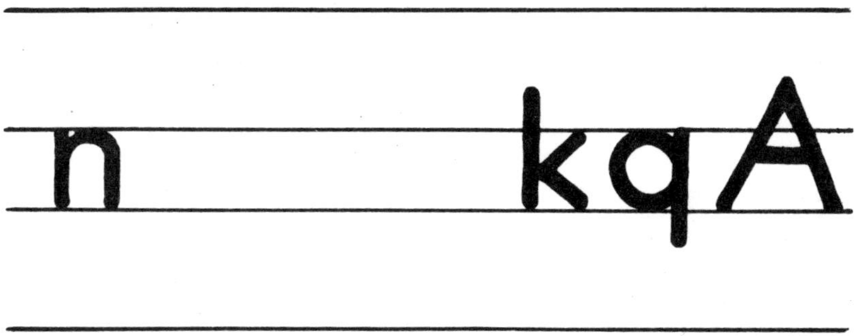

Abb. 22

Der Wechsel von Groß- und Kleinbuchstaben, so wie wir ihn heute bei deutschem Text gewohnt sind, taucht erstmalig im späteren Mittelalter auf. Wir sprechen bei den Kleinbuchstaben von Oberlängen, Mittellängen (die man auch als n-Höhe bezeichnet) und Unterlängen (Abb. 22). Die Linie, auf der die Buchstaben stehen, bezeichnet man als Grundlinie.

Im Abstand von zwei und drei Kästchen ziehen wir uns Hilfslinien. Zwei Kästchen sind für die n-Höhe, drei Kästchen brauchen wir als Zeilenabstand und als Raum für Ober- und Unterlängen. Diese setzen wir frei in den Raum ü b e r die Begrenzungslinie der n-Höhe bzw. u n t e r die Grundlinie. Beim späteren Üben mit den Großbuchstaben zusammen werden auch diese n u r auf die Grundlinie gestellt. Der obere Teil der Großbuchstaben ragt frei in den Zeilenzwischenraum ü b e r der oberen Begrenzungslinie für die Mittellinie bzw. n-Höhe. Wir nehmen für die Oberlängen etwa zwei Kästchen an, für die Unterlängen ein Kästchen,

Abb. 23

ohne dafür Hilfslinien zu ziehen. Diese denken wir uns nur, bemühen uns aber sehr, Oberlängen bzw. Unterlängen bei den verschiedenen Buchstaben in gleicher Höhe zu schreiben.

Der größte Teil der Kleinbuchstaben hat als bestimmende Grundform den Kreis oder einen Teil desselben, daher müssen alle Rundungen gut ausgeprägt sein. Wir beginnen mit der Gruppe der runden Formen (Abb. 23). Für g kann man auch eine zweite Form verwenden, wie die letzte Figur zeigt. Das b geht aus dem senkrechten Strich gleich in die Rundung über. Beim a, g, d, p und q wird erst der Kreis geschrieben und dann der senkrechte Strich durch den Kreisbogen gezogen, so, daß er ein Stück mit diesem gleichläuft. Auf keinen Fall darf der Strich daneben stehen, wie Abbildung 23a zeigt. Beim r, n, m, h ist darauf zu achten, daß die Rundungen als Kreisbogen aus dem senkrechten Strich herauskommen und keine Buckel bilden (Abb. 23a).

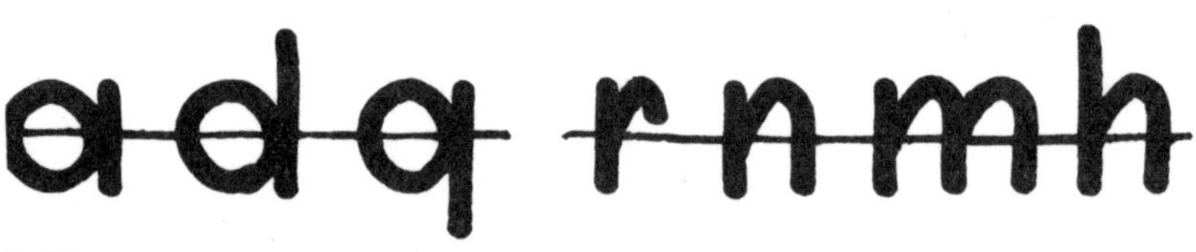

Abb. 23a

Danach schreiben wir die noch fehlenden Formen (Abb. 24). Auch hier müssen die Rundungen beim f, l, t, j gut zu erkennen sein. Die Oberlänge des t ist etwas kürzer als die Oberlänge der übrigen Buchstaben. Zum Schluß üben wir die Verbindungen zweier Buchstaben (Ligaturen) (Abb. 25).

Abb. 24

Abb. 25

Die Ziffern (Abb. 26) nachzuschreiben bereitet keine großen Schwierigkeiten. Sie sind etwas größer als die Mittellängen, aber kleiner als die Oberlängen, etwa so hoch wie das kleine t. Die Rundungen müssen auch hier die Kreisform erkennen lassen.

Nach diesen, dem Aufbau der einzelnen Formen entsprechenden Übungen, schreiben wir die Kleinbuchstaben in alphabetischer Reihenfolge hintereinander. Danach üben wir sofort Wortverbindungen mit Großbuchstaben (Abb. 27) und einen fortlaufenden Text, wozu wir auch einmal eine andere Federbreite nehmen.

Abb. 26

Abb. 27

Die Block-Kursiv

Bei dieser Schrift ist zu empfehlen, außer waagerechten Hilfslinien gleichmäßige Richtungsstriche im Winkel von etwa 85° mit Bleistift zu ziehen. Die Schrift f o r m e n , geschrieben mit einer Gleichzugfeder von 1,5 mm Breite, sind fast die gleichen wie bei der Blockschrift. Der Unterschied zu den senkrecht stehenden Formen der Blockschrift ist der, daß man die rundlichen Figuren o, e usw., anstatt kreisrund, oval schreibt (Abb. 28). Man muß darauf achten, daß die übrigen Buchstaben sich den Breitenverhältnissen der Ovalformen anpassen.
Für technische Beschriftungen wird die sogenannte DIN-Normschrift bevorzugt, die nur annähernd mit der hier gezeigten Block-Kursiv identisch ist.

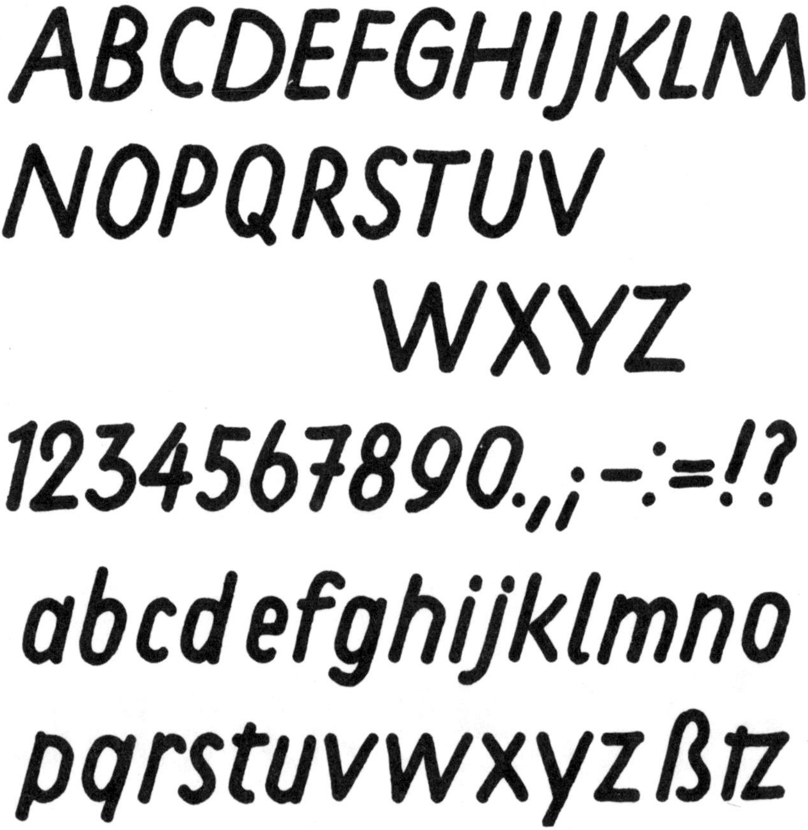

Abb. 28

Die Groteskschrift

Unter diesem Namen versteht man allgemein Schriften mit gleicher Strichstärke. Für den Buchdruck gibt es eine große Anzahl derartiger Schriften, von denen »Futura«, »Erbar-Grotesk«, »Kabel« die gebräuchlichsten sind.

Abb. 29

So, wie die Grotesk für den Buchdruck vorliegt, läßt sie sich nicht mit der Feder schreiben. Man überzeichnet die Blockschrift (Abb. 20) an den Endungen mit einer spitzen Feder oder einem Pinsel (Abb. 29) oder deckt dieselben mit Deckweiß ab. Dies versuchen wir an allen Buchstaben (Abb. 30 u. 31). Die hier nicht abgebildeten Buchstabenformen der Großbuchstaben entnehmen wir Abb. 20 oder 21, die der Kleinbuchstaben Abb. 23-25. Größere Schriftformen der Groteskschrift zeichnet man mit Zirkel und Lineal zuerst als Konturen, die man mit Tusche bzw. Farbe ausfüllt oder anlegt (Abb. 32).

Abb. 30

Abb. 31

Abb. 32

Für besondere Zwecke, Initialen, hervorzuhebende Zeilen, für Treibarbeiten in Metall, Gipsschnitt, Holzschnitt und dergleichen, läßt sich die Groteskschrift auf mancherlei Weise abändern. Dadurch wird der starre Duktus gemildert. Man hüte sich aber, diese Änderungen zu übertreiben. Es genügen nur geringe Veränderungen (Abb. 33). Die weißen Linien in der ersten Figur sind nachträglich mit Deckweiß eingesetzt, man kann sie aber auch beim Schreiben aussparen, dazu ist eine Vorzeichnung oder Pause unerläßlich.

Nachdem wir die Blockschrift und Groteskschrift in Groß- und Kleinbuchstaben und in einigen Variationen kennengelernt haben, ist es uns möglich, jede andere Antiquaschrift zu schreiben oder zu zeichnen. Die jeweils die einzelnen Schriftarten unterscheidenden Merkmale entstehen hauptsächlich durch die Eigenart des Schreibwerkzeuges und durch die Technik der Federführung bzw. durch kleine Veränderungen oder Abwandlungen an den Grundformen. Die Feder hat als gebräuchlichstes Schreibgerät großen Einfluß auf die Gestaltung der Schriftform. Schon die Härte oder Weiche des Federstahls wirkt sich auf das Gesamtschriftbild aus.

Abb. 33

Abb. 34

Die bisher benutzte Gleichzugfeder mit ihrer gleichen Schriftstärke setzt der Schriftgestaltung bestimmte Grenzen.

Das ideale Schreibgerät bleibt die Breit- oder Wechselzugfeder. Mit ihr ergeben sich viel mehr Möglichkeiten der Formgestaltung. Bei einer Federhaltung von etwa 40° (Abb. 34), das ist die Federstellung zur waagerechten Hilfslinie, entstehen je nach der Richtungsführung der Feder verschieden breite Striche (Abb. 35).

Das obere Ende des Federhalters zeigt bei richtiger Winkelstellung der Feder etwa auf die Mitte des rechten Oberarmes.

Die einfachste, mit dieser Federhaltung geschriebene Schrift bezeichnen wir als Schrägfeder-Antiqua.

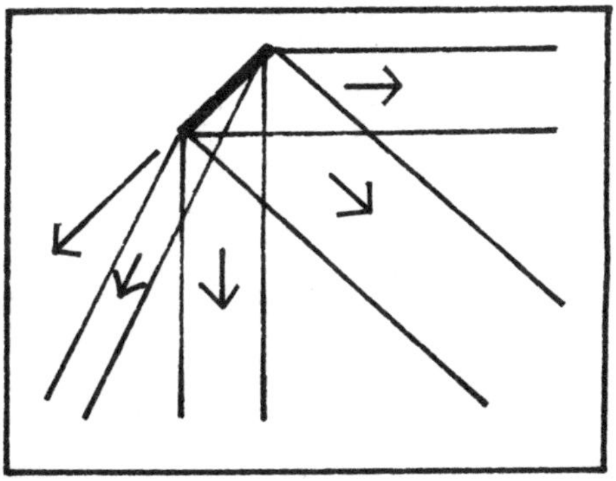

Abb. 35

Die Schrägfeder-Antiqua

Wir nennen diese Schrift so, weil durch die Schräghaltung von 40° sich oben und unten schräge An- und Absätze ergeben, die für den Schriftcharakter bestimmend sind.

Abb. 36

Um uns mit der Eigenart dieser Feder und der Federhaltung vertraut zu machen, beginnen wir mit einer Breitfeder von 3 mm Breite mit einigen Strichübungen (Abb. 36).

Abb. 37

Dann schreiben wir wieder zuerst die Großbuchstaben, die sich aus senkrechten und waagerechten Strichen zusammensetzen (Abb. 37). An-

Abb. 38

schließend üben wir die Buchstaben mit schrägen und geraden Strichen (Abb. 38). Und zuletzt die runden Formen (Abb. 39). Nachdem wir das ganze Alphabet der Reihe nach geübt haben, schreiben wir einen fortlaufenden Text mit einer anderen Federbreite und in einer anderen Schriftgröße (Abb. 40).

Abb. 39

Bei einem Spruch, einem Gedicht und längerem Text können wir den Anfangsbuchstaben (Initial) durch Größe oder Farbe hervorheben. Man kann ihn aus dem Schriftblock herausstellen, wie das untenstehende Beispiel zeigt. Es ist aber auch möglich, ihn in den Schriftblock einzubauen, so daß er sich nicht durch seine Stellung, sondern durch seine Größe hervorhebt.

Abb. 40

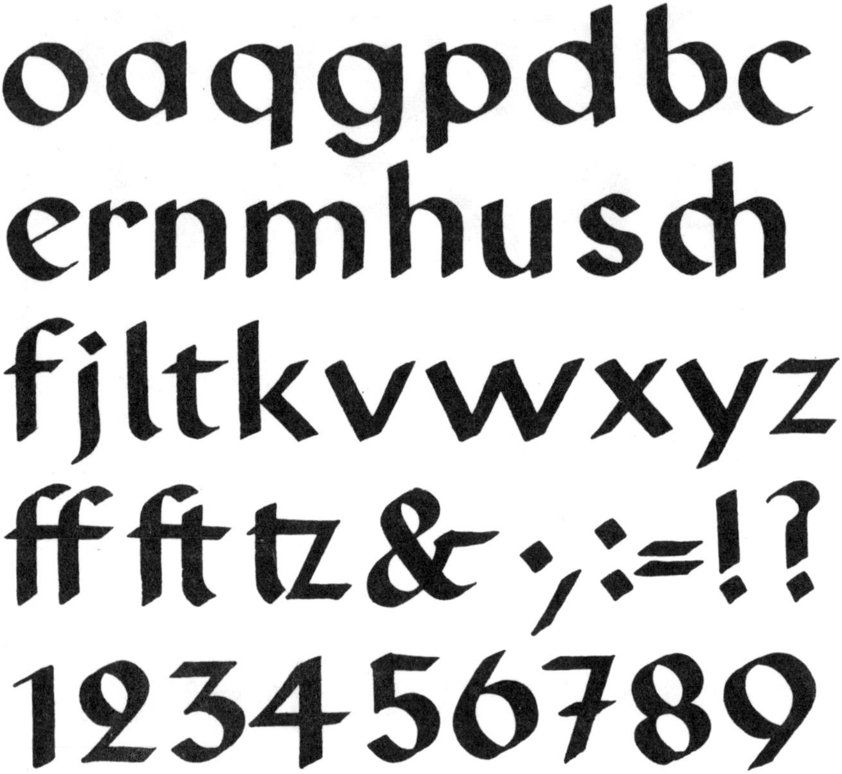

Abb. 41

Für die Kleinbuchstaben dieser Schrift ziehen wir uns zwei Kästchen für die n-Höhe und zwei Kästchen für den Zeilenzwischenraum. Wir üben zuerst die abgebildeten Formen (Abb. 41), anschließend in alphabetischer Reihenfolge und schließlich in Verbindung mit den Großbuchstaben (Abb. 42). Besonders zu beachten ist, daß bei h, n, m, r die Bogen als Rundung aus dem senkrechten Strich herauskommen. Bei a, d, g, p, q wird erst der runde Teil voll ausgeschrieben und dann, wie bei der Blockschrift, der senkrechte Strich durchgezogen.

Abb. 42

Die Rustikaschrift

Die Grundform dieser Schrift geht auf eine von den Römern als Buchschrift geschriebene Form zurück. Die Maßverhältnisse sind die gleichen wie bei den bisher geübten Antiquaschriften. Das Charakteristische dieser Schrift ist, daß die Köpfe und Füße (Abschlußstriche) mit der gleichen Federhaltung geschrieben werden wie der übrige Teil der Buchstaben (Abb. 43). Dabei ist zu beachten, daß man diese Abschlußstriche nicht zu lang macht; sie dürfen auch nicht zu dick sein. Soweit die Abschlußstriche nicht nachträglich angebracht werden, wie z. B. beim H und J usw., beziehen wir dieselben gleich in den Federzug mit ein (B, P, R).

Abb. 43

1234567890

Abb. 44

Die Kleinbuchstaben (Abb. 43) sind in der Linienführung die gleichen wie bei der Schrägfeder-Antiqua. Die Abschlußstriche bei den Oberlängen dürfen n u r links herausstehen.

Die Ziffern sind, wie bei den meisten Schriftarten, etwas kleiner als die Versalien, jedoch größer als die n-Höhe der Kleinbuchstaben. Zur Übung und besseren Einprägung der Schriftformen wechseln wir die Federgröße und schreiben einen längeren fortlaufenden Text mit nicht zu engem Zeilenzwischenraum.

Alles Vergängliche ist
nur ein Gleichnis ....

Abb. 44a

Die Egyptienne

Diese Schrift ist in ihren Grundformen und Linienführungen der »Rustikaschrift« sehr ähnlich. Sie unterscheidet sich von dieser nur dadurch, daß genau wie bei der »Groteskschrift« alle Striche, auch die Abschlußstriche, gleich stark und genau rechteckig sind.

Für den Buchdruck sind die bekanntesten Schrifttypen dieser Art »Beton«, »Memphis«, »Nofretete«.

Wir benutzen zum Schreiben eine GLEICHZUGFEDER Nr. 2. Bei den abgebildeten Schriftenformen der Kleinbuchstaben (Abb. 45) sind die durch die Gleichzugfeder unvermeidlichen runden Ansatzstellen geblieben, während bei der Vorlage für die Großbuchstaben (Abb. 46) erst die Grundform geschrieben wurde und dann mit einer spitzen Zeichenfeder die Rundungen ausgebessert sind. Die auf diese Weise entstandene Schrift hat durch das handwerkliche Schreiben und Nachbessern einen besonderen Reiz der Lebendigkeit erhalten, der das Starre und Konstruierte – wie es bei Druckschriften auftritt – mildert. Gebrauchsgraphischen und drucktechnischen Ansprüchen wird diese Art nicht immer genügen. Dafür muß die Schrift mit Zirkel und Lineal gezeichnet und retuschiert werden.

abcdefghi
jklmnopqr
stuvwxyz

Abb. 45

ABCDEFG
HIJKLMN
OPQRSTU
VWXYZ

Abb. 46

Die Unzialschrift

Die Unzialschrift ist historisch gesehen eine Übergangsschrift von der römischen Großbuchstabenschrift zur Minuskel. Ihre Wesensmerkmale sind die bei einigen Formen (B, D, H, K, L, T) auftretenden Oberlängen und die bei (F, G, J, P, Y) vorhandenen Unterlängen, sowie die bei fast

Abb. 47

allen Formen ausgeprägten Rundungen. Die Urformen der Unziale wurden mit waagerechter Federhaltung geschrieben. Die hier gezeigte Schrift ist eine moderne Abwandlung.

Wir nehmen eine Breitfeder von 1,5 mm Breite und schreiben in der gleichen Federhaltung wie bei der Schrägfeder-Antiqua (40°) das abgebildete Alphabet (Abb. 47). Die letzte Zeile zeigt einige Abwandlungen. Die Unzialschrift darf nicht zu langsam geschrieben werden. Die an einigen Formen durch den zügigen Schreibschwung entstehenden Schraffuren,

z. B. bei H, B usw., sind erwünschte Bereicherungen, sie dürfen aber nicht übertrieben werden. Der Zeilenzwischenraum bei der Unzialschrift soll mindestens so groß sein wie die Buchstaben. Besser ist es, ihn noch größer zu machen, da sonst diese Schrift, die in erster Linie für sakrale Zwecke verwendet werden kann, schwer lesbar ist (Abb. 48).

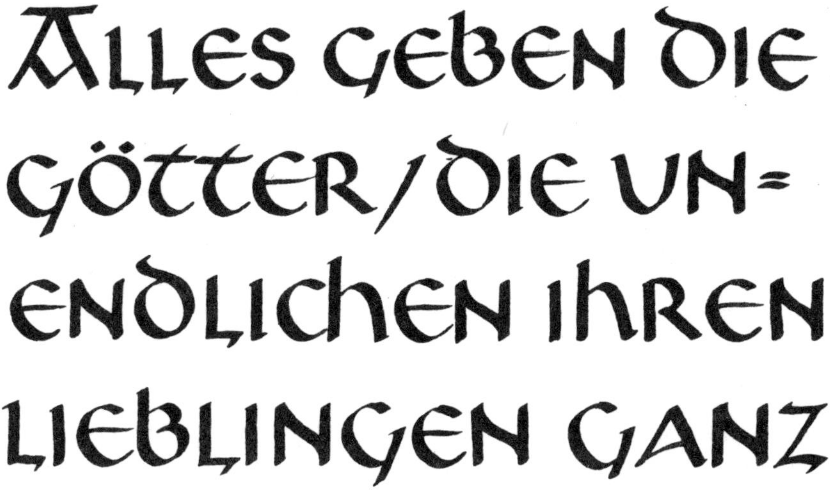

Abb. 48

Besonders zu beachten ist beim H, daß die Oberlänge nicht zu kurz geschrieben wird, da sonst eine Verwechslung mit dem N eintreten kann.

Die Breitfeder-Antiqua

Wir haben bisher die Breitfeder nur in der Federlage von etwa 40°- 45° benutzt. Jetzt wollen wir eine Antiquaschrift schreiben, die man wegen der ganzen Ausnutzung der Federbreite beim senkrechten Strich als Breitfeder-Antiqua bezeichnet (Abb. 49).

Die waagerechten Striche werden bei dieser sogenannten geraden Federhaltung so dünn wie die Stärke des Federstahles. Damit sie aber nicht zu dünn erscheinen, benutzen wir zum Schreiben dieser Schrift eine Spezialausführung der Breitfeder, bei der die Schreibkante etwas hoch gebogen ist.

Die schrägen Striche beim A, M, N usw. werden dabei nicht ganz so kräftig wie die senkrechten Striche. Bei den runden Formen O, Q, P, R, B liegen die dicksten Stellen des Wechselstriches sich waagerecht gegenüber, während diese bei der Schrägfeder-Antiqua diagonal zueinander stehen. Die Feder muß so auf das Papier gesetzt werden, daß die breite Seite der

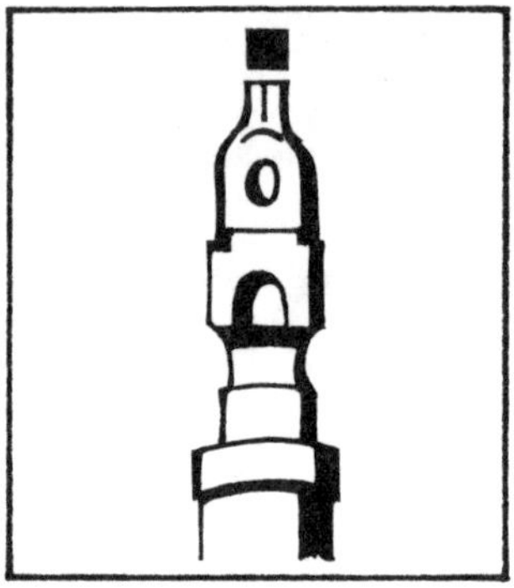

Abb. 49

Feder mit der waagerechten Hilfslinie parallel läuft. Das obere Ende des Federhalters zeigt nicht mehr wie bei der 40°-Haltung auf den rechten Oberarm, sondern auf die Mitte der Brust des Schreibers. An diese ungewohnte Federlage wird man sich sehr bald gewöhnen. Darum beginnen wir erst wieder mit einigen Strichübungen mit einer Feder von 3 mm Breite, bei drei Kästchen für die Großbuchstaben und einem Kästchen für den Zeilenzwischenraum (Abb. 50).

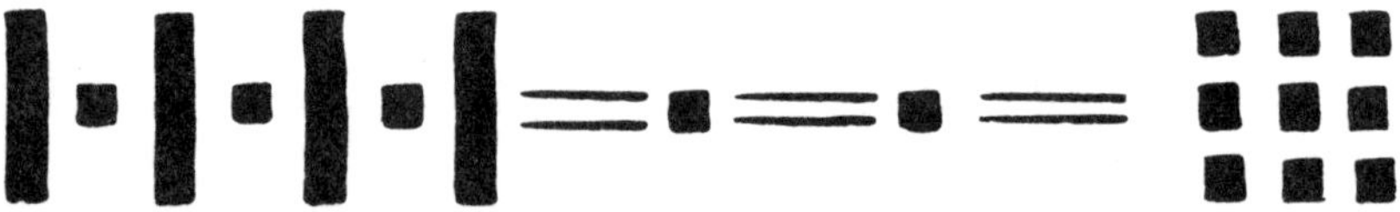

Abb. 50

Die Großbuchstaben (Abb. 51) sind in ihren Verhältnissen genau so wie die bereits behandelten anderen Antiquaschriften.

Man lasse sich nicht dadurch beirren, daß bei A, M, N, V, W, X, Y die Striche fast alle gleich stark sind. Diese Formen ergeben sich aus der konsequenten Federhaltung. Gerade dadurch erhält die Breitfeder-Antiqua ihr charakteristisches Aussehen.

Abb. 51

Die Kleinbuchstaben (Abb. 52) haben die gleiche Linienführung wie die der Blockschrift oder Schrägfeder-Antiqua.

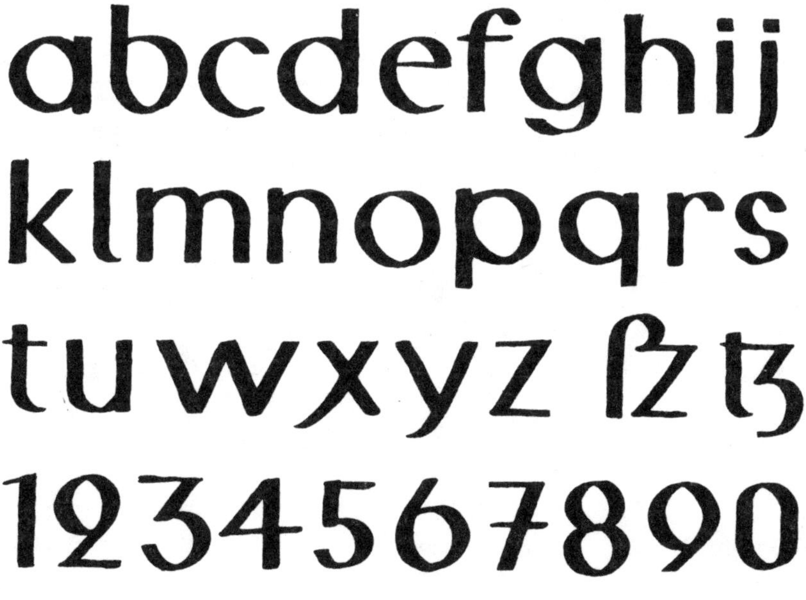

Abb. 52

Die lichte Breitfeder-Antiqua

Für Werbezwecke und Auszeichnungen läßt sich die Breitfeder-Antiqua dadurch variieren, daß man mit einer dünneren Feder von 1 mm Breite neben die senkrechten und schrägen Striche, sowie bei den Rundungen an den dicksten Stellen, in immer gleichem Abstand einen Doppelstrich daneben setzt (Abb. 53).

Beim B, P, R kann man bei den Rundungen auf diesen Doppelstrich verzichten, da sonst diese Buchstaben zu unförmig breit werden.

Abb. 53

Die lichte Breitfeder-Antiqua verwendet man zweckmäßig nur in Großbuchstaben und auch nur als Auszeichnungsschrift für wenige Worte, nicht für einen längeren Text. Für Kleinbuchstaben kommt sie fast nicht in Frage, da die weiße Linie in der Mitte bei den kleineren Maßverhältnissen der Kleinbuchstaben in den meisten Fällen zu wenig zur Geltung kommt.

Die Schreibfederindustrie hat auch Breitfedern mit einer Unterbrechung der Schreibkante, mit einem Spalt herausgebracht, bei denen sich der Doppelstrich folgerichtig von selbst ergibt (Abb. 53a). Es gibt sogar

Abb. 53a

Federn, bei denen links ein dünner und rechts ein dicker Strich entsteht (Abb. 53b). Solche Schriften haben eine gewisse Schattenwirkung.

Abb. 53b

Auch mit Spezialpinseln lassen sich Doppelstriche schreiben. Es ist sogar möglich, den hell gebliebenen Mittelstrich mit Farbe auszulegen.

Die klassische Antiqua

Als klassische Antiqua bezeichnet man alle Antiqua-Schriften, bei denen die Endungen durch leichte Ausschweifungen oder durch dünne Abschlußstriche (Schraffuren oder Serifen) betont sind. Das historische Vorbild dieser Schrift ist die römische Antiqua (KAPITALIS MONUMENTALIS). Sie bestand nur aus Großbuchstaben. Die dazugehörigen Kleinbuchstaben sind in ihren Grundformen der Minuskel-Schrift entnommen. Die Verbindung von Groß- und Kleinbuchstaben stammt aus der Zeit der Renaissance und des Humanismus. Im Laufe der Jahrhunderte hat die klassische Antiqua mannigfaltige Abwandlungen erfahren, die sich aber nicht so sehr in der Veränderung der Grundform zeigten, sondern in fein differenzierten Unterschieden der Buchstabenumrisse.

Abb. 54

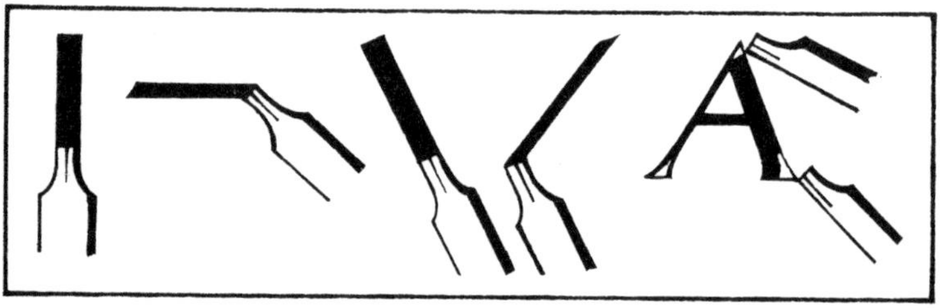

Seit der Erfindung des Buchdrucks sind unzählbare Formen dieser Schriftart erschienen, von denen die sogenannten Mediaeval-Schriften und klassizistischen Antiqua-Schriften als Sammelbegriffe stilistisch reiner Formen genannt werden müssen. Seit der Wiederentdeckung der Schrift als Ausdruck künstlerischer Form um die letzte Jahrhundertwende sind, auf alte Vorbilder zurückgreifend, eine große Anzahl sogenannter »Künstlerschriften« entstanden, die durch ihre individuellen Feinheiten selbst für den Fachmann nur schwer zu unterscheiden sind.

Da das Schreiben dieser Schrift viel Übung und Erfahrung in der Handhabung der Feder voraussetzt, sollte sich nur der damit befassen, dem die Federführung leicht und geläufig geworden ist. Es muß dauernd gewechselt werden von der Schräghaltung, wie wir sie bei der Schrägfeder-Antiqua kennengelernt haben, zur »geraden« Federhaltung, die bei der Breitfeder-Antiqua benötigt wird.

Man kann diese Schrift mit einer breiten Feder schreiben, die die Stärke des senkrechten Striches beim I in einem Zuge ergibt. Wir üben zuerst mit gerader Federhaltung (Federbreite 2,5 mm) die senkrechten Striche (Abb. 54). Für die waagerechten Striche beim L, F, E usw. dreht man die Feder soweit, daß diese, ebenso wie die linksschrägen Striche beim A, M usw., etwa auf die halbe Breite der bei gerader Federhaltung entstehenden Striche kommen. Die anderen Schrägstriche von links oben nach rechts

Abb. 55

unten sind genau so breit wie die senkrechten Striche. Das Nacharbeiten der schrägen und geschweiften Endungen geschieht mit gekippter Feder (Abb. 54). Wir üben die Buchstaben in der Reihenfolge der Abbildung 55.

Wenn die Buchstaben nicht gleich so werden, wie man möchte, lasse man sich nicht entmutigen. Mit etwas mehr Mühe, Ausdauer und Fleiß wird es gelingen, mit der schwierigen Federhaltung fertig zu werden. Oft ist auch die Schreibflüssigkeit zu dick, um mit gekippter Feder die Schweifungen herauszubekommen. Dann muß die Schreibflüssigkeit verdünnt werden.

Abb. 56

Es ist aber auch möglich, diese Schrift mit einer schmalen Feder von 1 mm Größe durch das Nebeneinandersetzen von zwei Strichen zu schreiben. Man erreicht so auch die gleiche Strichstärke wie mit einer breiteren Feder (Abb. 56). Die dünneren Teile beim A, N usw. sind auf diese Weise einfacher zu gestalten. Die Schraffuren werden mit der Breitseite der Feder parallel zur waagerechten Hilfslinie oder im rechten Winkel dazu nachträglich angesetzt. Bei dieser Art des Schreibens sind nur zwei Federstellungen notwendig: die gerade und die um 90° gedrehte.

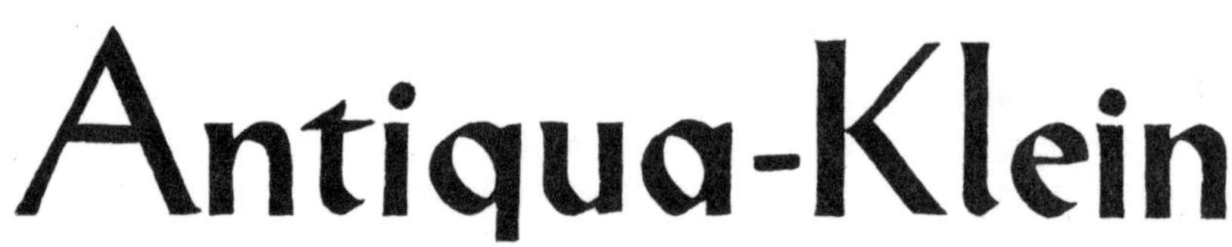

Abb. 57a

Die zu den Großbuchstaben (Abb. 55) stilistisch passenden Kleinbuchstaben werden auf die gleiche Weise, also mit veränderter Federhaltung, geschrieben wie die Versalien. Das Verhältnis der Mittellängen zu den Oberlängen beträgt etwa 1:1 (Abb. 57 a).

Zu der anderen Art von Großbuchstaben, wie sie Abbildung 56 zeigt, schreiben wir die Kleinbuchstaben auch aus zwei nebeneinandergesetzten Strichen mit der schmalen Feder (Abb. 57 b). Das Verhältnis ist hier zugunsten der Mittellängen verändert. Eine Erscheinung, die sich erst in neuester Zeit bei Antiqua-Schriften, die für den deutschen Wortlaut verwendet werden, in zunehmendem Maße durchsetzt. Bei c, e, o usw. neigen die Rundungen mehr zum Oval als zur Kreisform.

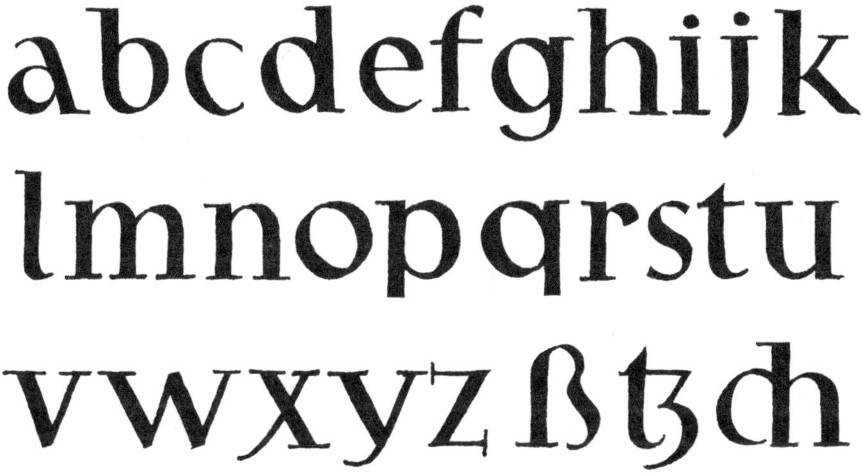

Abb. 57b

Soll diese Schrift für monumentale Zwecke am Bau Verwendung finden oder als Vorlage für den Druck von Plakaten, Überschriftszeilen usw. gebraucht werden, ist zu empfehlen, sie zu zeichnen (Abb. 58). Man schreibt entweder die Buchstaben mit einer Feder oder einem Pinsel vor, überpaust und überarbeitet sie und füllt die Konturen dann später mit Farbe oder Tusche aus. Die Ausschweifungen an den Endungen dürfen nicht übertrieben werden.

Abb. 58

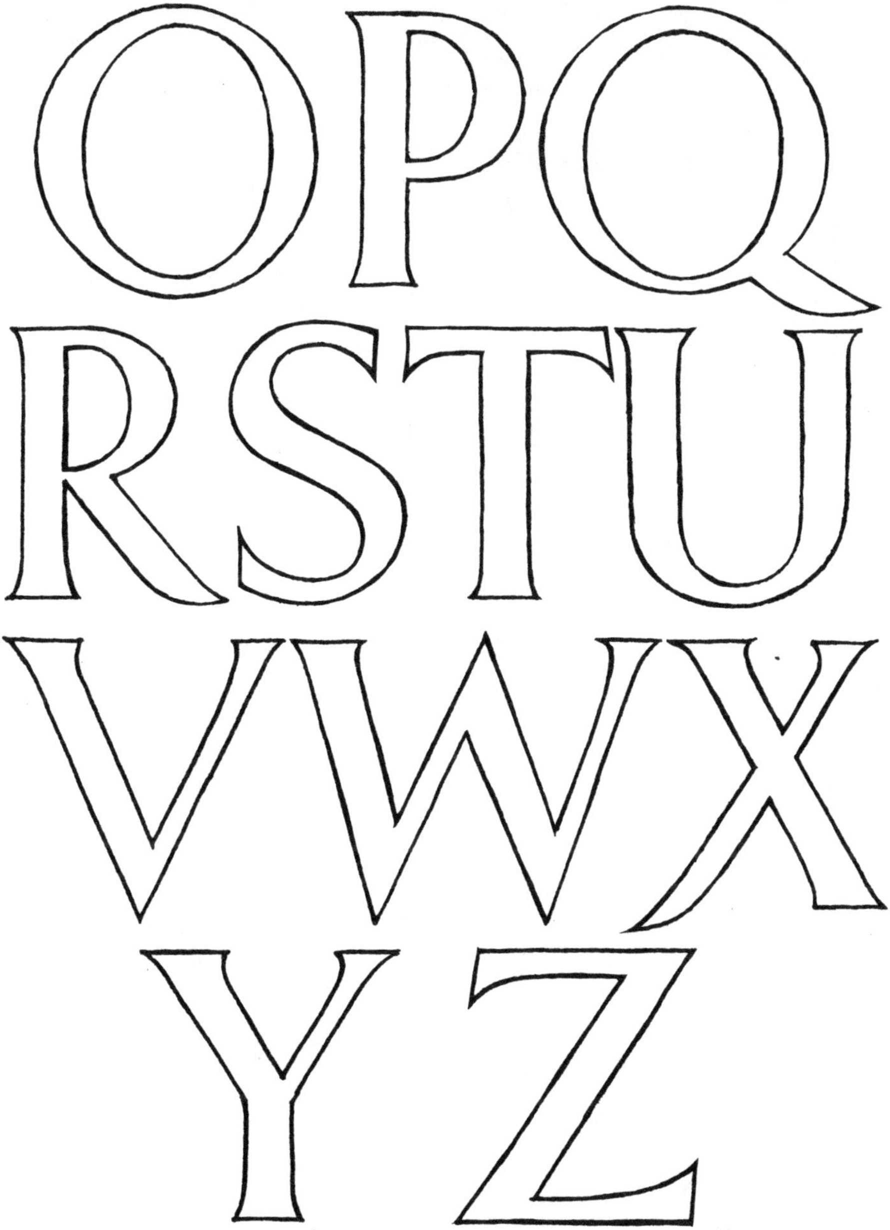

Abb. 58

Abb. 59

Die Antiqua-Kursiv

Jede Schriftart läßt sich auch schräg (kursiv) stellen. Da eine schrägstehende Schrift im Neigungswinkel von 75 bis 85° leichter von der Hand geht, geläufiger wird, haben sich mit der Zeit Schriftformen entwickelt, die dem zügigen Schwung des Schreibens Rechnung tragen (Abb. 59). So entstanden typische Kursivformen, die sich durch Vorschwünge und Ausläufer an den Großbuchstaben und an den Ober- und Unterlängen der Kleinbuchstaben auszeichnen (Abb. 60).

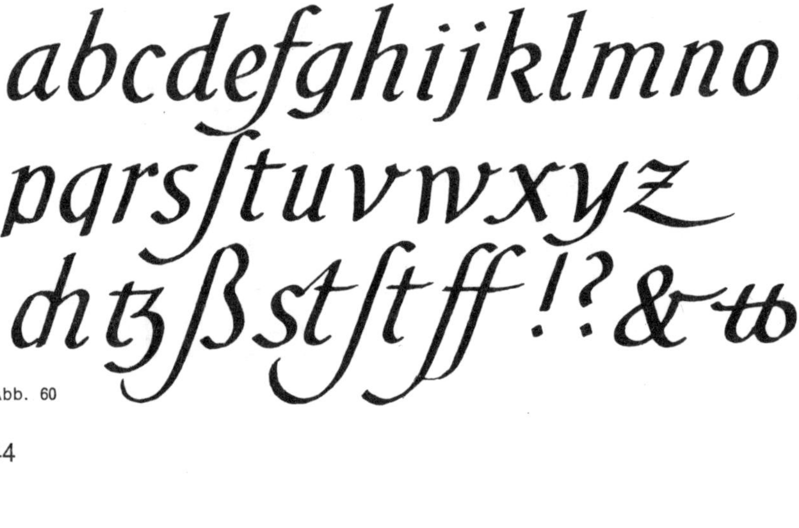

Abb. 60

Die deutschen Schriften

Nachdem wir uns mit den gebräuchlichsten Antiqua-Schriften befaßt haben, wenden wir uns den deutschen Schriftarten zu. Die Entwicklung der letzten Jahre hat dahin geführt, daß diese historisch aufs engste mit der Entwicklung der deutschen Sprache verbundenen Schriften, die man als deren natürlich gewachsenen Ausdruck ansprechen muß, verdrängt worden sind. Die Vorliebe für deutsche Schriften, insbesondere für die »Fraktur«, entspricht dem Bedürfnis, der deutschen Sprache das Kleid zu geben, das ihrer Eigenart den schönsten Ausdruck verleiht. Die deutsche Schrift ist und bleibt eigenartiger Besitz, den man lieben muß, besonders dann, wenn er in Gefahr ist. Es ist nicht ein Hang zum Romantischen, der die Forderung immer wieder laut werden läßt, diese Schriftformen anzuwenden, sondern es bedeutet eine Verpflichtung, ein auf eigenem Kulturboden gewachsenes Kulturgut zu pflegen.

Es gibt unzählige Möglichkeiten, deutsche Schriftformen auch im modernen Wirtschaftsleben zu gebrauchen. In der Werbung z. B. wird man gerade – im Gegensatz zur Antiqua – durch deutsche Schriften besondere Wirkung hervorrufen.

Allgemein spricht man vom Gegensatz »Antiqua–Fraktur«. Richtiger wäre zu sagen »Antiqua – Deutsche Schrift«, denn die Fraktur ist nur eine Gruppe der deutschen Schriften, neben der gotischen Schrift, der Rundgotisch, der Schwabacher und anderen.

Es ist durchaus nicht so, daß deutsche Schriften nur im deutschen Sprachraum Verwendung finden und nur dort gelesen werden können. Wir finden in vielen Ländern irgendeine Gruppe oder Abart der deutschen Schriften in Gebrauch, besonders bei Zeitungsköpfen, Banknoten und Glückwünschen. Aus dem Stammbaum der Schriften am Schluß dieses Büchleins ist zu erkennen, wie sich die deutschen Schriften aus den rundungsbetonten Formen der Antiqua und Minuskel als eigenständige, gebrochene Formen entwickelt haben.

Die gotische Schrift

Die gründliche Beherrschung des gotischen Alphabets ist die Voraussetzung zum Schreiben aller anderen deutschen Schriftarten, da diese sich fast ausnahmslos auf die »Gotisch« zurückführen lassen. Wir beginnen mit den Kleinbuchstaben.

Auf kariertem Papier ziehen wir uns Hilfslinien, drei Kästchen für die n-Höhe, drei Kästchen für den Zeilenzwischenraum. Die Breitfeder von 2,5 mm wird, wenn die Schrift richtig geschrieben aussehen soll, nicht immer im gleichen Winkel (wie z. B. bei der Schrägfeder-Antiqua) aufgesetzt. Da ein Buchstabe, der sich aus Würfeln und Strichen zusammensetzt, nicht in einem Zuge geschrieben werden darf, sondern bei den einzelnen Teilen abgesetzt wird, wechselt der Ansatz der Feder zwischen 35 und 45°. Das ist notwendig, da bei gleichem Ansatz entweder die Würfel zu kräftig und die senkrechten Striche zu mager, oder die Würfel zu flach werden. Beim Würfel setzen wir die Feder im Winkel von 45° an, während der senkrechte Strich einen Ansatz von 35° verlangt (Abb. 61).

Abb. 61

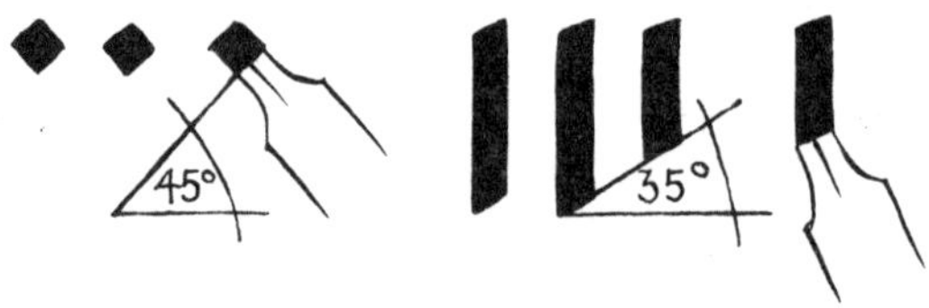

Um uns an diese ungewohnte Federführung zu gewöhnen, üben wir abwechselnd einen Würfel und einen Strich (Abb. 62 a). Die Würfel sind bei richtiger Federhaltung so, daß die Spitzen in der Vertikalen und Horizontalen in einer Linie liegen (Abb. 62 b); nicht wie Abbildung 62 c zeigt. Die Federhaltung kontrollieren wir daran, daß wir durch den senkrechten Strich, ohne die Feder zu drehen, einen waagerechten Strich schreiben, der folgerichtig ein wenig magerer sein muß (Abb. 62 d). Wird er zu mager (Abb. 62 e) oder zu fett (Abb. 62 f), muß die Feder zum richtigen Schreiben des senkrechten Striches in eine andere Schräghaltung nach rechts oder links gedreht werden.

62a 62b 62c 62d 62e 62f

Abb. 62

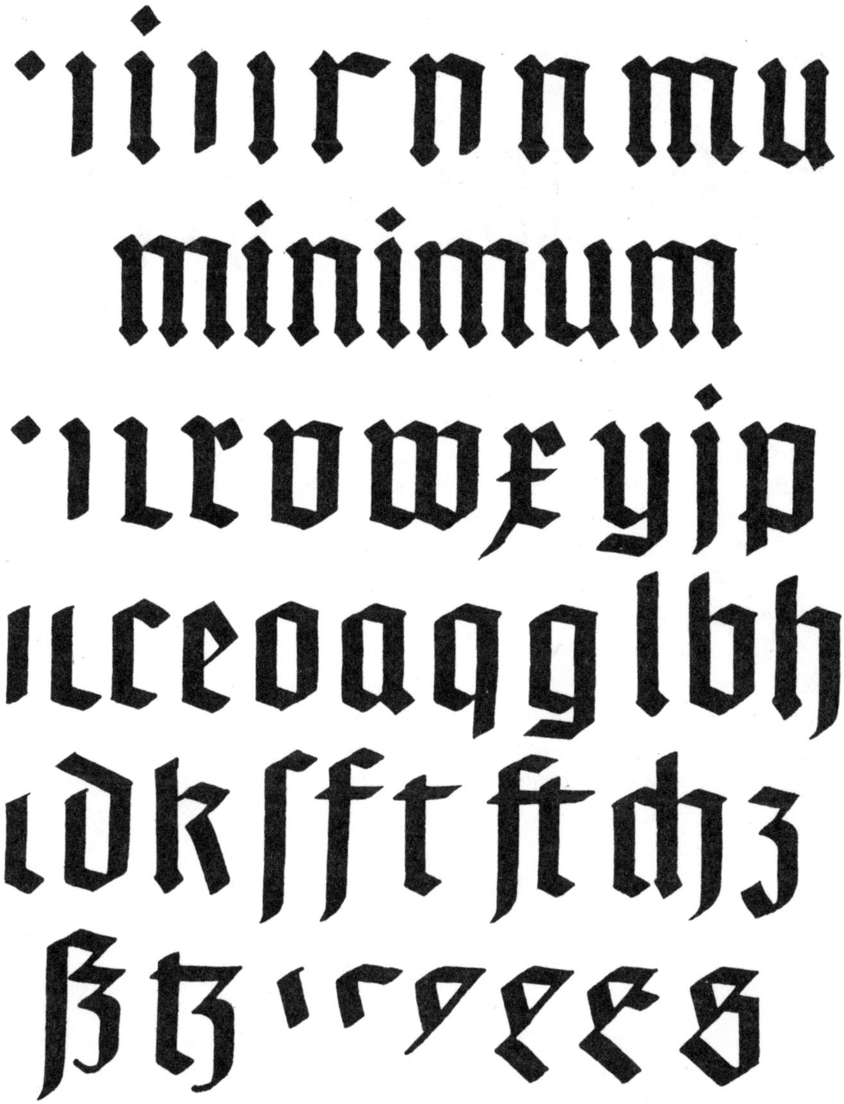

Abb. 63

Es ist bei der gotischen Schrift zu beachten, daß die Buchstaben jeder für sich allein stehen müssen, die Würfel dürfen sich nicht berühren oder zusammenhängen. Dieser Fehler wird oft gemacht, dadurch leidet die Lesbarkeit. Bei jedem Buchstaben muß nach Würfel oder Strich die Feder abgehoben und nach der Winkeldrehung von 45 auf 35° und wieder zurück auf 45° neu aufgesetzt werden.

Abb. 64

Nach diesen kurzen Vorübungen beginnen wir mit dem Schreiben der einzelnen Buchstaben in der Reihenfolge der Vorlage (Abb. 63). Wir bemühen uns, wie wir es bereits bei der Antiqua getan haben, nicht jeden Buchstaben für sich 20 bis 30 mal zu üben, sondern, nachdem die Vorlage einigermaßen getroffen ist, aus verschiedenen Buchstaben Worte zu bilden. Das Schluß-»s« ist der komplizierteste Buchstabe. Der erste Strich darf weder zu steil noch zu schräg sein. Für die Ziffern können wir die gleichen Formen benutzen, wie sie in Abbildung 41 gezeigt sind. Die Ligaturen ch, ß, tz bereiten keine Schwierigkeiten, unten müssen sie offen bleiben.

Es ist vor allem wichtig, wieder darauf zu achten, daß Buchstabenzwischenräume und Buchstabeninnenräume gut ausgeglichen werden, d. h., daß Weiß und Schwarz eine gleichmäßige Grauwirkung ergeben. Als schlechtes Beispiel dafür gilt Abbildung 64.

Abb. 65

Nach einem e und r entsteht manchmal, besonders wenn die gotische Schrift sehr eng und schmal geschrieben wird, eine größere Lücke als nach einem n, o, a usw. Man hilft sich dadurch, daß man den Würfel des nach e und r folgenden Buchstabens über den schrägen Strich des e und r greifen läßt (Abb. 65).

Ehe man darangeht, die Großbuchstaben der gotischen Schrift zu üben, schreibe man mehrere Seiten mit verschiedenen Federbreiten nur in Kleinbuchstaben.

Abb. 66

Da die gotische Schrift – wie auch die gotischen Bauten – schmale, nach oben strebende Formen aufweisen, sollte die n-Höhe **n i c h t w e n i g e r** betragen als das Sechsfache der Strichstärke. Sie kann aber ohne Bedenken höher sein (Abb. 66). Die Oberlängen betragen etwa $^1/_4$ bis $^1/_3$ der Mittellänge.

Abb. 67

Die Großbuchstaben üben wir in der gleichen Hilfslinieneinteilung wie die Kleinbuchstaben, sie stehen auf der Grundlinie und ragen mit ihrem oberen Teil etwa in die Hälfte des Zeilenzwischenraumes hinein (Abb. 67).

Abb. 68

Im fortlaufenden Text mit Groß- und Kleinbuchstaben kann der Wortzwischenraum vor einem Großbuchstaben sehr gering sein, da durch den Großbuchstaben ohne weiteres die Lesbarkeit gewährleistet ist. Worte aus nur gotischen Großbuchstaben sollte man nicht schreiben, weil sie schwer lesbar sind.

Abb. 69

Anstelle der einfachen gotischen Großbuchstaben verwendet man gern für anspruchsvollere Texte die in Abb. 69 gezeigten Formen.

Es ist nicht nötig, alle Buchstaben mit einem Doppelstrich zu versehen, man kann auch an dessen Stelle einen dünnen Zierstrich verwenden, der mit der gekanteten Feder sofort oder nachträglich mit der spitzen Feder gezogen wird. Die Doppelstriche dürfen nicht zu eng nebeneinanderstehen, damit im Gesamtschriftbild keine dunklen Flecke erscheinen.

Ehe es rein-gotische Großbuchstaben gab, half man sich damit, daß man an deren Stelle Unzial-Buchstaben (Abb. 47) einsetzte. Durch Verwendung dieser »Unziale« oder mit Großbuchstaben der Schrägfeder-Antiqua (Abb. 70) entsteht ein wirkungsvolles Schriftbild. Die Anwendungsmöglichkeiten der gotischen Schrift für die Praxis werden durch diese Schriftmischung erhöht. Der Einwand, daß die Stileinheit nicht gewahrt wird, ist

Abb. 70

berechtigt. Vielleicht liegen hier aber Möglichkeiten zu einer Weiterentwicklung und zur Gestaltung neuer Schriftarten. In der Fachsprache nennt man solche Schriftmischungen »Bastardschriften«. Es ist auch möglich, klassische Versalien zu den gotischen Kleinbuchstaben zu gebrauchen. Dabei kann man ohne weiteres an gewissen Stellen, z. B. bei den Oberlängen, Schraffuren anbringen (Abb. 70 a). Auch die Würfel können mit Schraffuren versehen werden.

Abb. 70a

Die Rundgotisch

Diese Schrift ist eine Zwischenstufe zwischen der die Rundungen betonenden Minuskel und der gebrochenen, eckigen gotischen Schrift. Von beiden Schriftarten ist etwas in ihr als charakteristisches Merkmal vereinigt. Jede Übertreibung nach der einen oder anderen Seite verwischt das Wesentliche dieser Schrift. Das bedeutet für den Schreiber einige Schwierigkeiten, darum ist zu empfehlen, sich erst dann an das Üben dieser Schrift zu wagen, wenn man die Antiqua und die gotische Schrift gründlich geübt hat.

Die günstigste Wirkung dieser Schrift wird dadurch erzielt, daß die n-Höhe viermal so hoch genommen wird wie die Strichstärke. Wir nehmen eine Breitfeder von 4 mm und setzen sie im Winkel von etwa 40° auf das Papier. Dann schreiben wir einen Würfel, der o h n e abzusetzen oder die Feder in eine andere Winkelstellung zu bringen, in einen senkrechten

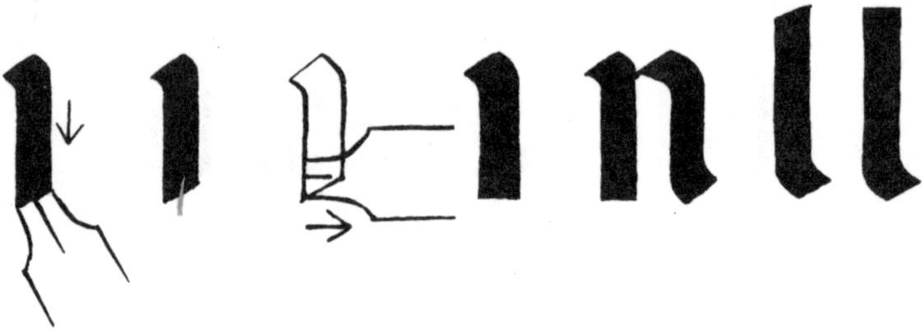

Abb. 71

Strich übergeht. So entsteht die notwendige, leicht abgerundete Ecke im Gegensatz zu der scharfen Ecke bei den gotischen Buchstaben (Abb. 71). Wird dieser Übergang übertrieben, entstehen weichliche Formen, wie die

Abb. 72

durchgestrichene Form in Abbildung 72 zeigt. Um den schrägen Federabstrich zu beseitigen, drehen wir die Feder nach dem Abheben um 45° (Abb. 71) und setzen sie an der linken Seite des senkrechten Striches neu an. Wir brauchen nur nach rechts zu ziehen und der senkrechte Strich hat einen waagerechten Abschluß. Das gleiche macht man bei den Oberlängen des h, k, l. Die Oberlängen dürfen nicht zu hoch werden. Die Rundungen beim h und b sollen eine leichte Spannung zur Senkrechten aufweisen.

Abb. 73

Beim Schreiben der Buchstaben c, e, o, d, g usw. (Abb. 73) wird die Feder s o angesetzt, daß der Ansatzstrich noch flacher als sonst liegt, also etwa 30° beträgt. Während des Federzuges wird die Feder ohne abzusetzen leicht gedreht, aber nicht so plötzlich, daß eine Ecke entsteht (s. Abbildung). Der obere Teil des c und e wird danach rechts so daran gesetzt, daß die rechte Spitze der Feder die obere Hilfslinie berührt, aber nicht darüber hinaus gerät. Das a wird geschrieben, wie es die Vorlage zeigt, erst die rechte Hälfte, dann der linke untere Teil und zuletzt der dünne Strich mit gekippter Feder, aus dem von der Tusche noch feuchten, zuerst geschriebenen Teil heraus. Dasselbe gilt für x und z. Hier dürfen diese Schwänzchen etwas unter die Grundlinie gehen. Die Ziffern (Abb. 74) haben unten waagerechte Abschlüsse.

Abb. 74

Abb. 75

Die Großbuchstaben (Abb. 75) zu schreiben bereitet keine große Mühe mehr, wenn man zuvor die Kleinbuchstaben genügend geübt hat. Es ist zu beachten, daß die Rundungen bei C, E, G, O, Q, S genau wie bei den Kleinbuchstaben geschrieben werden müssen, d. h. die Feder drehend im laufenden Federzug.

Die Schwabacher

Als Drucktype ist die »Schwabacher« eine weitverbreitete Schrift. Die Druckform sollte man nicht faksimile (d. h. originalgetreu) nachschreiben, da gewisse Linienführungen und Formelemente den Erfordernissen des Schreibens angepaßt werden müssen.

Das abgebildete Alphabet (Abb. 76) kann mit einer Breitfeder von 3 mm geübt werden. Die dünnen Striche bei H, J, K, Z, z schreibt man mit nach links gekippter Feder (s. Abb. 54 letzte Figur). Der Gesamteindruck dieser Schrift soll derb und kräftig sein.

Abb. 76

Die Fraktur

Die Frakturschrift ist eine typische »Deutsche Schrift«, deren Entstehung im Anfang des 16. Jahrhunderts nachzuweisen ist. Das Schreiben dieser Schrift mit Feder oder Flachpinsel erfordert ein Höchstmaß schreiberischer Erfahrung, denn sie muß mit einem gewissen Schreibschwung geschrieben werden (Abb. 77). Der Federhalter spielt fast zwischen den Fingern, denn die Verzierungen und Schwünge lassen sich nur durch häufiges Drehen und Kippen der Feder erzielen. Es ergeben sich viele Möglichkeiten für mannigfache Gestaltung der Groß- und Kleinbuchstaben. Man hüte sich aber z u v i e l e Zierstriche und Schwünge anzubringen, da diese in der heutigen Zeit einen fremden und altmodischen Eindruck hervorrufen. Nur ein an vielfachen Schriftformen geschulter Schreiber sollte sich mit dieser schönen aber schwierigen Schrift befassen.

Abb. 77

Die Verkehrsschrift

»Es ist lohnend, auch die gewöhnliche Handschrift in den Bereich unserer Übungen zu ziehen, denn was hilft es uns, wenn wir schöne Kunstblätter schreiben und vernachlässigen dabei die alltägliche Schrift. Jeder Mensch sollte es wieder lernen, einen Brief in gewöhnlicher Handschrift schön und ordentlich zu schreiben, so daß der Empfänger schon am Augeneindruck seine Freude hat.« *Rudolf Koch*

So wollen wir uns auch mit einer lateinischen und einer deutschen Verkehrsschrift befassen. Als Vorlagen wurden die sogenannte »Lateinische Ausgangsschrift« und die deutsche Schrift nach dem Entwurf von Rudolf Koch verwendet, die auch als Lehrformen und Richtschriften in der Schule angewandt werden.

Das eilige Tempo unserer Zeit, der Füllfederhalter, der Kugelschreiber und andere im modernen Wirtschaftsleben nicht zu entbehrende Schreibgeräte verführen oft zum »Schmieren«, so daß mancher Erwachsene oft seine eigene Handschrift nicht mehr, oder nur schwer, wiederlesen kann. Es gehört guter Wille und Ausdauer dazu, wenn man schon eine ausgeschriebene Handschrift hat, wieder auf diese Ausgangsschrift zurückzugehen und sich nach ihr zu r i c h t e n. Hat man aber diese Formen wieder neu angenommen, kann man die Verkehrsschrift mit jedem modernen Schreibgerät schreiben. Der individuellen Gestaltung, die, wie die Graphologie lehrt, im Charakter eines Menschen begründet liegt, sind keine Grenzen gesetzt. Man sollte nur immer bestrebt sein, »leserlich« zu schreiben.

Das besondere Merkmal dieser Vorlagen ist, daß sie mit einer Breitfeder von etwa $^3/_4$ mm Stärke geschrieben werden müssen. Im Handel gibt es dafür verschiedene Ausführungen solcher Federn. Genau wie bei der Kunstschrift erzielt man mit der Feder einen Wechselzug, d. h., die Striche werden – je nach der Linienführung – abwechselnd dünn und dick. Es ist nicht notwendig, dabei aufzudrücken oder die Feder zu drehen, wie es bei einer Spitz- oder Kugelspitzfeder geschieht, um verschieden starke Striche zu bekommen.

Das Verhältnis der Mittellängen zu Ober- und Unterlängen beträgt 4:5:4 (Abb. 78). Dasselbe Verhältnis gilt für die deutsche Schrift.

Wir üben am besten wieder auf 5 mm kariertem Papier und nehmen ein Kästchen für die Mittellänge und etwa ein $^{3}/_{4}$ Kästchen für die Ober- und Unterlänge.

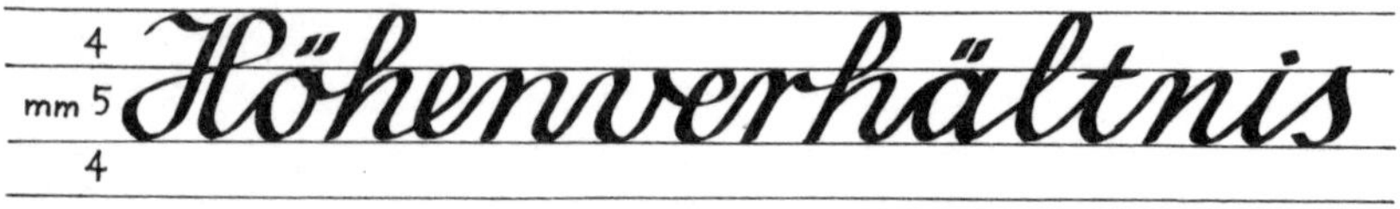

Abb. 78

Da diese Schrift flott und zügig geschrieben werden soll, wobei ohne abzusetzen die einzelnen Buchstaben miteinander verbunden werden, nehmen wir Tinte, die besser aus der Feder fließt als Tusche. Man kann auch einen Füllhalter mit breiter Feder benutzen, zunächst aber keinen Tintenkuli oder Kugelschreiber.

Die Schriftneigung nach rechts beträgt etwa 75–80°; um sie besser treffen und einhalten zu können, legen wir beim Schreiben das Papier etwas schräg, in diesem Fall ausnahmsweise n i c h t parallel zur Tischkante. Die Feder wird so auf das Papier gesetzt, daß der Aufstrich nicht haardünn wird, sondern kräftiger erscheint. Ist die Federhaltung richtig, ergibt sich beim Übergang vom Auf- zum Abstrich eine flache Schrägung (Abb. 79), entsteht eine Spitze wie bei Abb. 80, muß die Feder soweit gedreht werden, daß die richtige Form zustande kommt.

Abb. 79

Abb. 80

Zuerst machen wir einige Vorübungen. Abbildung 81 zeigt die sogenannte Arkadenform. Das Gegenstück dazu (Abb. 82) ist die Girlandenform.

Abb. 81

Abb. 82

Beim Üben von Einzelformen der Kleinbuchstaben für sich, lassen wir den Aufstrich bis auf n, m, r, x, z auf der Grundlinie beginnen, der Abstrich oder Auslauf hört kurz über dieser auf.

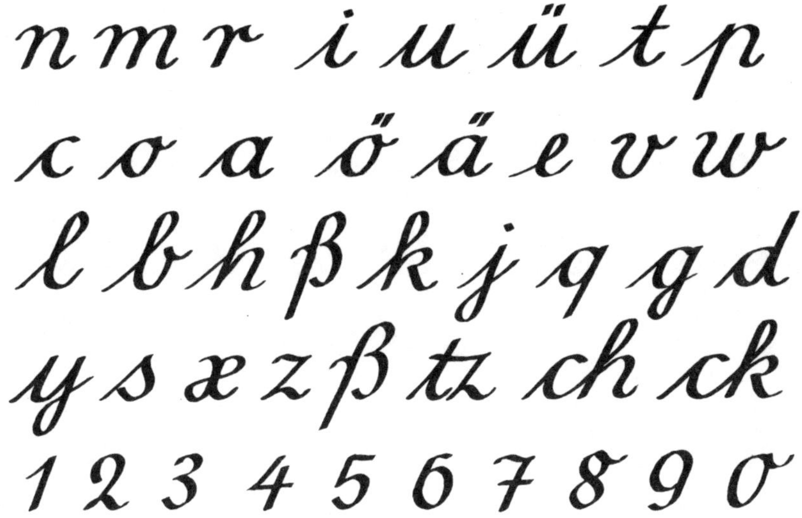

Abb. 83

Wir üben in der Reihenfolge der Abbildung 83 zuerst die Einzelformen, aber gleich anschließend Wortverbindungen.

Abb. 84

Die Großbuchstaben üben wir in der Reihenfolge des Alphabetes (Abb. 84), wobei jeder Buchstabe gleich in Verbindung mit den Kleinbuchstaben geübt werden sollte. Danach gehe man zum Schreiben von längeren Texten über (Abb. 85).

Man sollte sich beim täglichen Schreiben bemühen, diese Formen zu übernehmen.

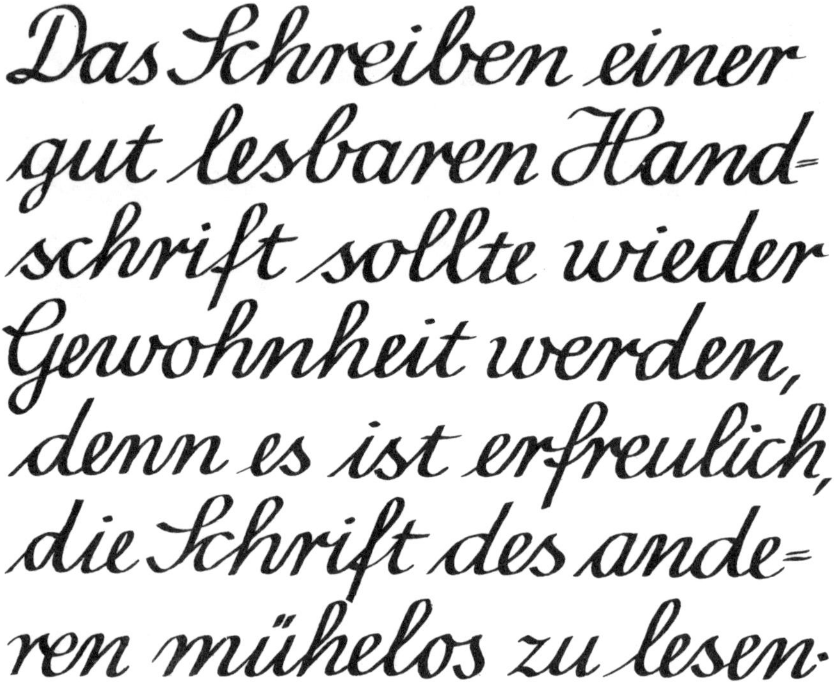

Abb. 85

Die d e u t s c h e Verkehrsschrift (Abb. 86) ist aus der von Rudolf Koch gemeinsam mit Volksschullehrern als Regierungsauftrag unter dem Namen »Offenbacher Schrift« geschaffenen Verkehrsschrift, die als Lehr- und Richtschrift in der Schule verwendet wird, entwickelt.

Wir benutzen zum Schreiben die gleiche Breitfeder wie bei der lateinischen Verkehrsschrift. Das Verhältnis der Mittellänge zu Ober- und Unterlänge stimmt ebenfalls mit dieser Schrift überein. Die Klein- und Großbuchstaben üben wir gruppenweise, erst Einzelformen, dann Wortverbindungen. Die Schleifen der Kleinbuchstaben l, b, h, f, g, d, y müssen sehr offen gehalten werden. Das gleiche gilt für die vielen Schleifen der Großbuchstaben. Bei einigen Buchstabenverbindungen (Abb. 86 Zeile 5) wird der Verbindungsstrich nicht von der Grundlinie, sondern aus dem Schreibzug vom anderen Buchstaben her gezogen.

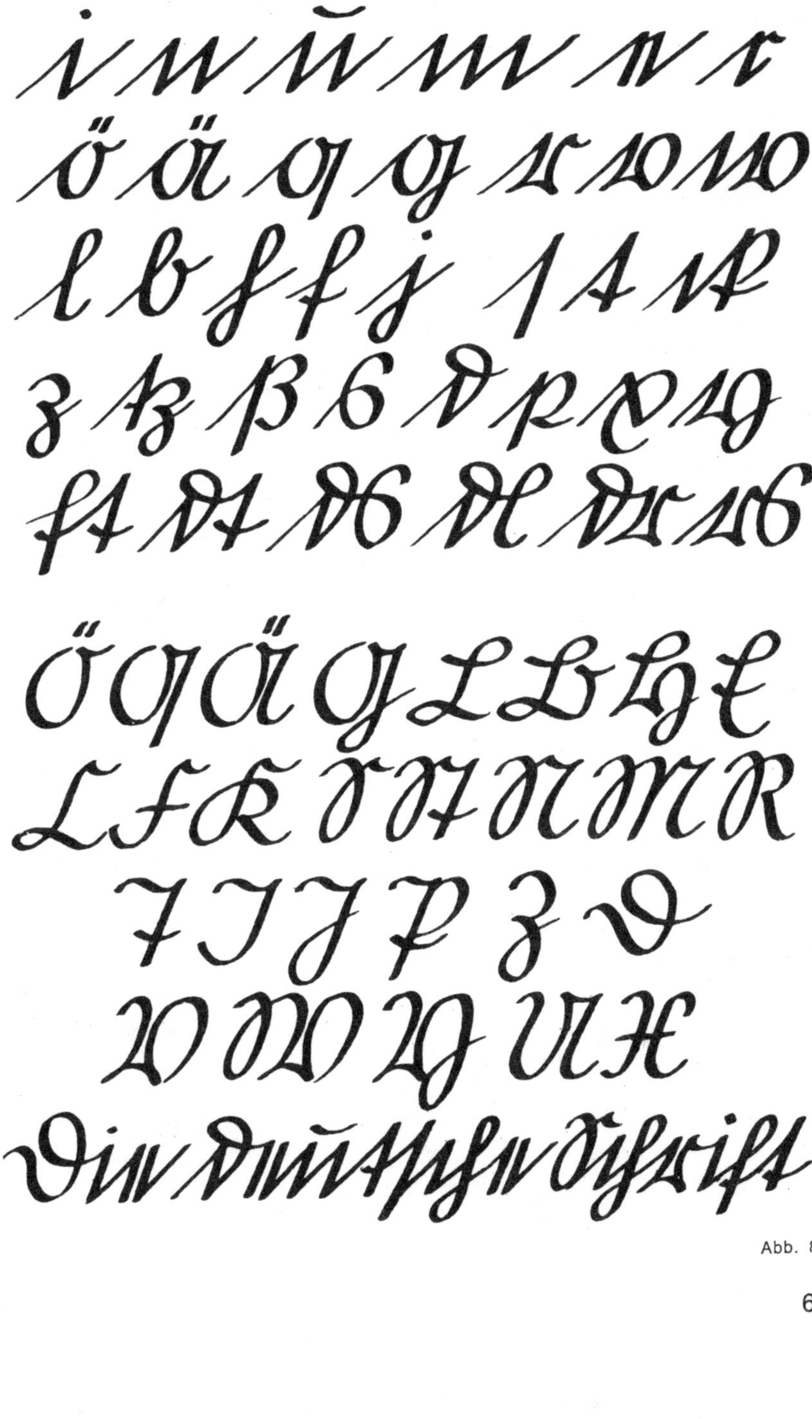

Abb. 86

Spitzfeder-Schriften

Jede Schriftart läßt sich mit einer spitzen Feder (Zeichenfeder) schreiben. Dabei ist es notwendig, daß man den Druck der Feder reguliert und nicht willkürlich einmal dick, einmal dünn schreibt. Man kann mit einer normalen Zeichenfeder, die es in verschiedenen Härtegraden gibt, eine ganze Anzahl verschiedener Strichstärken erzielen. Es ist aber darauf zu achten, daß man besonders bei den Rundungen O, Q usw. keine Spritzer macht oder in das Papier hineinsticht. Am geeignetsten dafür ist glattes Papier. Wenn die Buchstaben im Anfang etwas zitterig erscheinen, lasse man sich

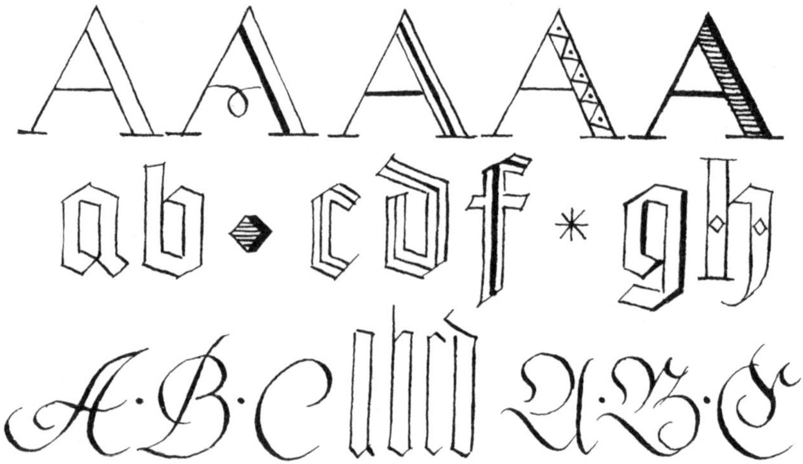

Abb. 87

nicht beirren. Mit der Zeit wird die Hand sicherer und die Schrift ordentlicher. Für Reproduktionen ist es erforderlich, mit Deckweiß kleine Unregelmäßigkeiten zu retuschieren. Mit der Spitzfeder geschriebene Schriften brauchen keinesfalls auszusehen wie »gestochen«. Derartige Schriften entstehen durch den Graveur, der mit einem Stichel oder einer Graviernadel die Schrift direkt in das Metall eingraviert. Spitzfederschriften finden besonders Verwendung für Glückwünsche, Briefköpfe und Besuchskarten. Die gezeigten Beispiele (Abb. 87) sind technische Möglichkeiten. Als Vorlagen für Spitzfederschriften können alle bisher gezeigten Alphabete dieser Schriftschule benutzt werden.

Gezeichnete Schriften

Alle Schriftarten, die man mit der Feder schreiben kann, lassen sich auch zeichnen. Oft geht durch das Zeichnen die lebendige, ursprüngliche Frische verloren, weil das Vorzeichnen der Konturen und späteres Ausfüllen, besonders bei kleineren Schriftgrößen, etwas ganz anderes ergibt, als eine durch das Schreibwerkzeug direkt entstandene Schriftform.

Oft soll eine geschriebene Schrift vergrößert oder verkleinert werden; das läßt sich nur auf zeichnerischem Wege machen, entweder über ein Quadratnetz oder mit einem Projektionsapparat. Man darf dabei aber nicht stur-mechanisch verfahren, denn die Proportionen müssen oft bei den Größenunterschieden erheblich geändert werden. Das gelingt aber nur mit geschultem Schriftgefühl.

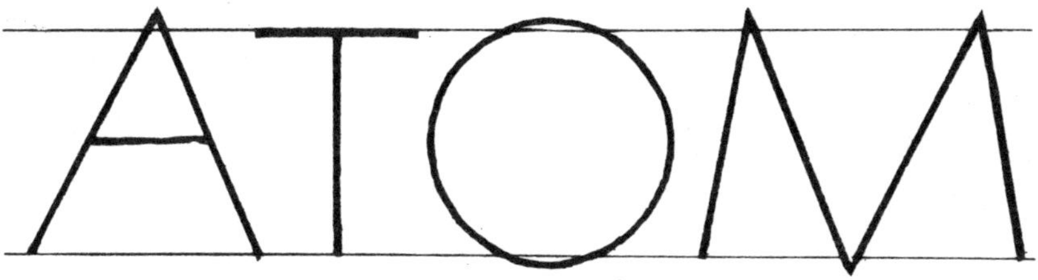

Ehe man eine Schrift mit Reißschiene, Lineal und Zirkel »zeichnet«, ist zu empfehlen, sie zuerst freihandlich vorzuskizzieren, um die Innenräume und Strichstärken gefühlsmäßig einzuteilen, und dann erst »rein« zu zeichnen.

Eine Konstruktionsvorlage steht auf Seite 18.

Alle Rundungen und Spitzen bei den Antiqua-Schriften müssen ein klein wenig über die Hilfslinie für die festgelegte Schrifthöhe hinausragen, da die entsprechenden Buchstaben sonst kleiner wirken als die übrigen. Die Übertragung einer gezeichneten Schriftpause zur Ausführung in Holz, Metall, Textilien und an der Wand muß sehr gewissenhaft vorgenommen werden. Die bei einer geschriebenen Schrift oft als besonderer Reiz wirkenden Unregelmäßigkeiten sollten bei einer gezeichneten Schrift wegbleiben, denn hier werden sie oft als mangelhaft und unschön empfunden.

Pinselschriften

In der Praxis wird oft nach Pinselschriften gefragt. Es ist bereits ausgeführt, daß sich fast alle Schriften, die mit der Feder schreibbar sind, auch mit dem Pinsel schreiben lassen. Reine Pinselschriften werden ohne Pause oder Vorzeichnung direkt geschrieben. Da der Pinsel aber gegenüber der Feder sehr weich ist und beim leisesten Druck nachgibt, wodurch der Strich sofort dicker wird, empfiehlt es sich, zuerst die Handhabung des Pinsels auszuprobieren, und erst dann mit dem Schreiben zu beginnen, wenn man die Eigenart des Pinsels kennengelernt hat. Auf die gebräuchlichsten Pinsel und Farben ist bereits in dem Kapitel über Werkzeug und Material hingewiesen.

Wenn hier einige mit dem Pinsel geschriebene Schriftformen abgebildet sind (Abb. 88 u. 88a), dann geschieht dieses, um zu zeigen, wie die äußere Form der Schrift sich durch das Schreibwerkzeug, den Pinsel, verändert. Dieser Pinselcharakter darf aber nicht durch zu vieles Ausbessern und Überarbeiten verwischt werden. Kleine Unregelmäßigkeiten, die sich durch den Pinsel ergeben, können bleiben. Besondere Wirkung wird erzielt, wenn man beim spitzen Pinsel etwas aufdrückt und wieder nachläßt (Abb. 88, Zeile 5 u. 6). Ein nicht zu sehr mit Farbe gefüllter Pinsel läßt die einzelnen Haar- oder Borstenstriche im Schriftzug granieren (Abb. 88a). Die Beispiele (Abb. 88) sind mit einem Schlepperpinsel geschrieben. Das Beispiel 88a mit einem Ringpinsel, Abbildung 89 mit einem Plakatschreiber.

Die Schweifungen bei klassischen Antiqua-Schriften lassen sich einfacher und prägnanter mit einem Pinsel ausbilden als mit der gekippten Feder. Negative Schriften, das sind helle Schriften auf dunklem Grund, werden

Abb. 88a

Abb. 88

ABCDEF
GHIJKL
MNOPQ
RSTUV
WXYZ.:;
abcdefg
hijklmn
opqrstuv
wxyzßtz

Abb. 89

Abb. 90

meistens ausgespart. Man zeichnet oder paust die Schriftkonturen auf, zieht sie mit Feder oder Pinsel nach und füllt die Hintergründe und Zwischenräume mit Farbe aus (Abb. 90). Es ist auch möglich, auf dunklem Untergrund mit Deckweiß oder hellerer Farbe zu schreiben. Manchmal muß zweimal übereinander geschrieben werden, da der erste Strich nicht immer genügend deckt.

Beim Schreiben auf die Wand darf der Pinsel nicht zuviel Farbe haben, da diese sonst an der Wand herunterläuft. Der Malstock (Abb. 91) gibt durch das Stützen des rechten Unterarmes die notwendige Sicherheit, da man an der Wand nur in den seltensten Fällen die Hand auflegen kann, wie wir es beim Schreiben mit der Feder gewohnt sind.

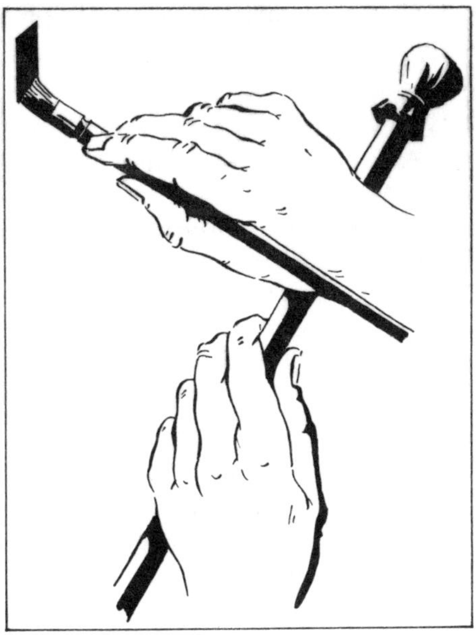

Abb. 91

Geschnittene Schriften

Eine zu schneidende Schrift bedarf in jedem Fall der geschriebenen oder gezeichneten Vorlage. Für den Holzschnitt, Linolschnitt, Metall- und Gipsschnitt ist eine Pause notwendig. Zum Drucken muß die Schrift spiegelverkehrt aufgepaust werden. Beim Schneiden beachte man, daß der Schnitt konisch wird, d. h. das Schneidmesser oder die Schneidfeder oder

Abb. 92

das Stecheisen dürfen nicht senkrecht, sondern müssen etwas schräg gehalten werden, damit die Kontur nicht unterschnitten wird. Es ist dabei ganz gleich, ob der Hintergrund herausgeholt wird, der Buchstabe erhaben stehenbleibt, oder die Schrift vertieft geschnitten werden soll (Abb. 92).

Aus Papier oder Karton einzelne Buchstaben auszuschneiden und aufzukleben, ist in der Reklame und Dekoration eine viel verbreitete Art der Schriftanwendung. Man hat vor dem Aufkleben die Möglichkeit, die Abstände richtig einzuteilen. Bei gleich großen Buchstaben zeichnet oder paust man dazu die Buchstaben auf einen Streifen, der die passende Größe der Schrift hat. Dadurch erreicht man eine immer gleichbleibende Schrifthöhe. Bei Grotesk-Schriften ist darauf zu achten, daß die Strichstärken untereinander immer gleich sind. Die Innenräume werden am besten mit einer Stickschere ausgeschnitten, während man die äußeren Konturen mit einem Messer oder einer Schneidfeder ausschneidet (Abb. 93).

Zur Unterlage dient dabei am besten harte Pappe oder Zinkblech.

Will man einen Spruch oder ein Monogramm in einem Stück ausschneiden und wie einen Scherenschnitt aufkleben, schreibt man den Text zuerst mit der Feder vor. Dabei ist darauf zu achten, daß alle Buchstaben an irgendeiner Stelle aneinanderhängen. An einigen Buchstaben wird es notwendig sein, zusätzlich Verbindungsstriche anzubringen. Nun kann man entweder die geschriebene Schrift als Original mit Stickschere oder Schneidmesser ausschneiden, oder man paust die geschriebene Vorlage spiegelverkehrt auf die Rückseite eines schwarzen oder farbigen Papiers, weil sonst die

Abb. 93

Pausstriche das Schriftbild stören. Beim Aufkleben eines solchen Schrift-Scherenschnittes streicht man nicht alle Buchstaben auf der Rückseite mit Klebstoff an, sondern betupft sie nur an einigen Stellen damit. Es entsteht dadurch beim aufgeklebten Schriftbild eine leichte Schattenwirkung, die allen Scherenschnitten besonderen Reiz gibt, der durch die Reproduktion der Abbildung 93a nicht zum Ausdruck kommt.

Abb. 93a

Schablonenschriften

Für oft sich wiederholende kurze Texte, Schilder, Ziffern, Kennzeichen, Kistenbeschriftungen usw. ist es zweckmäßig, eine Schriftschablone anzufertigen, mit der man die Schrift mit Pinsel und Farbe aufträgt. Dabei ist zu beachten, daß keine Kleckse und Farbflecke entstehen, da sonst die Arbeit unordentlich aussieht.

Man paust oder zeichnet die Schrift auf ein Stück festes Zeichen- oder Schablonenpapier. Damit die Innenräume, z. B. beim O, nicht herausfallen, müssen sie durch Halter mit der Schablone verbunden werden (Abb. 94). Es brauchen nicht mehr Halter angebracht zu werden, als unbedingt notwendig, doch müssen dieselben bei allen Buchstaben möglichst in der gleichen Höhe oder gleichmäßig untereinander angebracht sein.

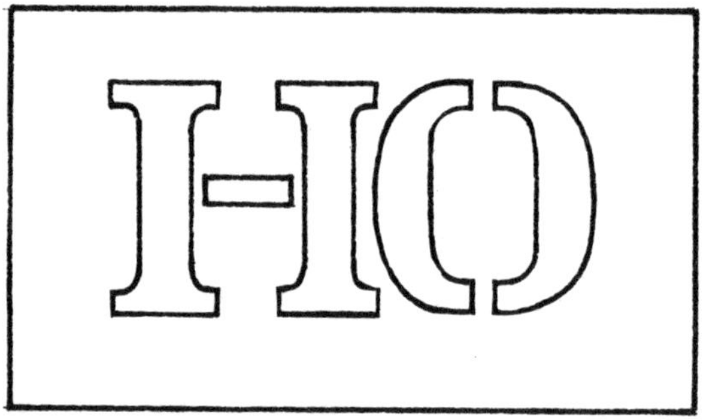

Abb. 94

Mit einem Schablonenmesser oder einer Schneidfeder schneidet man auf einer Glasunterlage alle Striche heraus, die auf dem Untergrund, der zu beschriften ist, als Farbe erscheinen sollen. Da an der Stelle, wo die Halter stehengeblieben sind, keine Farbe angenommen wird, müssen diese Stellen nachträglich zugelegt werden. Man kann sie aber auch aus ornamentalen Gründen stehenlassen.

Die Schablone wird mit einer Hand auf den Untergrund fest aufgelegt und gehalten. Mit einem nur wenig mit Farbe gefüllten Ringpinsel wird durch »Stupfen« (Abb. 95) oder leichte drehende Bewegung des Pinsels die Farbe an den ausgeschnittenen Stellen aufgetragen. Man muß dabei beachten, daß die Farbe nicht zu dünnflüssig ist und *unter* die Schablone dringt, da sonst ausgelaufene Ränder entstehen.

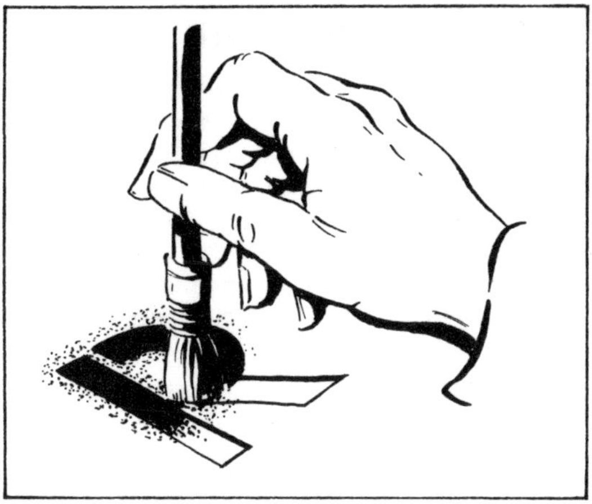

Abb. 95

Abbildung 96 zeigt eine gebräuchliche Schablonenschrift, bei der die Halter in der Linienführung der Striche angebracht sind und dadurch gleichzeitig als Ornament wirken. Vor dem Schablonieren wird der Schablonenkarton, damit er nicht durch die Farbe zu schnell aufweicht, entweder mit Ölfarbe oder Schellack eingestrichen. Oft zu gebrauchende Schablonen fertigt man am besten aus Stanniolpapier oder dünnem Blech an.

Man kann eine Schablone auch zum Spritzen von Schrift benutzen, dabei ist zu beachten, daß sie fest aufliegt, sonst dringt die Farbe unter die Ränder und die Schriftränder werden unscharf.

CONSTRUCTA

Abb. 96

Zum Stammbaum der Schriften

Wenn die verschiedenen Schriftarten nebeneinander gebraucht werden, so ist das dadurch zu erklären, daß eine neue Schriftart, die sich durch mancherlei Einflüsse im Laufe der Zeit durchsetzte, die älteren Formen nicht für immer verdrängt, sondern als Ausdruck des jeweiligen Zeitgefühls den übrigen Schriften angegliedert wird. Die Gesamtheit der Schriftformen ist eine Skala des Stilgefühls aller kulturgeschichtlichen Epochen. Die Vielzahl der Schriften schafft die Möglichkeit, dem Wortlaut die ihm gemäße Ausdrucksform zu geben.

Die Kapitalis ist die Ausgangsschrift aller abendländischen Schriften. Sie ist eine reine Großbuchstabenschrift, die in der Architektur in Stein gemeißelt, den Namen KAPITALIS MONUMENTALIS trägt, mit der Feder oder mit einem anderen Schreibwerkzeug geschrieben, wird sie KAPITALIS QUADRATA genannt. Diese Schriftformen der Römer werden noch heute verwendet für alle Beschriftungen, die einen zurückhaltenden, vornehmen, leidenschaftslosen Ausdruck haben sollen.

Die Rustika. Ursprünglich ist diese Schrift auch eine Großbuchstabenschrift, eine Art Verkehrsschrift für den landläufigen Gebrauch. Bei den Urformen sind die senkrechten Striche sehr dünn, die Köpfe und Füße an den Endungen breit und kräftig. Die Rustika wird als Druckschrift heute sehr wenig gebraucht, in der Kunstschrift verwendet man sie gern für kleinere Schilder mit viel Text, Plakate, sowie für Pläne und Zeichnungen.

Die Unzial. Eine im vierten Jahrhundert entstandene Schriftart, die an Stelle der vielen eckigen Linienführungen mehr Rundungen aufweist und Ansätze zu Ober- und Unterlängen zeigt. Heute wird die Unzial vorwiegend für kirchliche Zwecke, für Wandbeschriftungen, für Urkunden und Überschriftszeilen verwendet; als Druckschrift ist sie nur in wenigen Ausführungen bekannt.

Die karolingische Minuskel. Die verschiedenen Abarten der »Halbunziale« wurden zur Zeit Karls des Großen gesammelt und gesichtet. Die von ihm eingeführte »Reichsschrift« trägt daher seinen Namen. Als Nur-Kleinbuchstabenschrift war sie mehrere Jahrhunderte im Gebrauch. In späterer Zeit diente sie als Vorbild für Antiqua-Kleinbuchstaben. Heute nur noch selten angewandt.

Die Rundgotisch. Eine zuerst in Italien gebrauchte Schriftform, die noch antiquaeigene (rundliche), aber auch schon die, die »Gotisch« bestimmenden gebrochenen Merkmale zeigt. In der Frühzeit des Buchdrucks als »Rotunda« bekannt, im modernen Buchdruck durch »Wallau«, »Weiß-Rundgotisch« und

»Kühne-Schrift« vertreten. Geeignet für Werbezwecke, Akzidenz-Drucksachen, Buchtitel, Urkunden, Überschriften in Zeitungen und Zeitschriften.

Die Gotisch. Zur Zeit des gotischen Baustils entstanden, als Buchschrift unter dem Namen Textura bekannt; daneben entwickelte sich eine gotische Handschrift (Verkehrsschrift). Die Textura wurde Vorbild für die erste Druckschrift Johann Gutenbergs. Heute findet die »Gotisch« Verwendung für sakrale Zwecke, Wandsprüche, Urkunden, Überschriften und für Plakate.

Die Schwabacher. Eine aus der gotischen Verkehrsschrift über den Holzschnitt der Blocktafelbücher entstandene Druckschrift, deren Namensherkunft nicht bekannt ist. In der Frühzeit des Buchdrucks und später vorwiegend verwendet als Textschrift für Bücher und Zeitungen. Heutige Anwendung wie bei der »Gotisch«.

Die Fraktur. Eine gegen 1500 aus der Schwabacher entstandene, aber mit Zier-, Schwung- und An- und Abstrichen geschriebene Schrift, aus der sehr bald eine Druckschrift entwickelt wurde. Wegen ihrer vorzüglichen Lesbarkeit, die sich aus dem Zusammenfassen der Silben innerhalb eines Wortes erklärt, jahrhundertelang als Textschrift für Buch- und Zeitschrift verwendet. Heutige Anwendung für lyrische Texte, Urkunden, Glückwünsche, Handschriften, Buchtitel, in der Werbung für Schlagzeilen und Überschriften in Gegenüberstellung zur Antiqua.

Die Kanzlei ist eine mit Schnörkeln versehene Frakturschrift, die in amtlichen Dokumenten Verwendung fand, aus der sich die »Deutsche Kurrentschrift« entwickelt hat. Nur noch wenig in Gebrauch.

Die humanistische Schrift. Seit der Erfindung des Buchdrucks ist die Geschichte der Schrift hauptsächlich in den Druckschriften zu verfolgen, doch ist der Einfluß des »Schreibens« oft weitgehend nachzuweisen. Zur Zeit der Renaissance griff man auf die klassischen Antiqua-Versalien zurück, da für diese aber keine Kleinbuchstaben vorhanden waren, paßte man die Minuskel-Schriften in der Strichstärke und in den Rundungen den klaren, offenen Formen der Versalien an, ein Versuch, der auch heute noch nicht als abgeschlossen bezeichnet werden kann.

Die Mediaeval. Entwicklungsform der humanistischen Schrift, bei der die Schweifungen an den Enden der Großbuchstaben auch auf die Kleinbuchstaben übertragen sind. Als Druckschrift heute weit verbreitet »Garamond«.

Die klassizistische Schrift ist eine im 17. Jahrhundert unter dem Einfluß des Kupferstiches entstandene Antiqua-Druckschrift, bei der die Endungen durch sehr dünne Schraffuren abgeschlossen werden und die dünnen Teile der Buchstaben in ihrer Strichstärke diesen Schraffuren angepaßt sind. Als bekannteste Schrift gilt die »Bodoni«.

Die Egyptienne. Diese Schrift ist eine Grotesk-Schrift mit Abschlußstrichen, die ebenso stark sind wie die übrigen Buchstabenteile. Als Werbe- und Plakatschrift weit verbreitet.

Die Grotesk-Schrift ist eine nach geometrischen Formen geschriebene oder konstruierte Schrift mit gleichbleibenden Strichstärken. Als Druckschrift, Plakatschrift und Anzeigeschrift in der Werbung und in der Architektur sehr beliebt, als Buch- und Zeitungsschrift oder für längeren, geschriebenen Text weniger geeignet (wirkt ermüdend).

Bastard-Schriften sind Mischungen verschiedener Schriften aus verschiedenen Zeitaltern. Seit Jahrhunderten haben sich aus Mischschriften neue Schriften entwickelt. Auch heute liegen darin Möglichkeiten zur Entwicklung zeitgemäßer Formen.

Kursiv-Schriften. Im Buchdruck gern als Auszeichnungsschriften verwendet, gut geeignet für längere Texte zum »Schreiben«. Nicht immer sind die geradestehenden Formen einer Schrift ohne weiteres schräg zu stellen. Die Kursiv-Schriften unterscheiden sich von diesen durch Schwung- und Verbindungsstriche.

Deutsche und lateinische Kurrentschriften sind aus den verschiedenen Schriftarten durch Kursivstellung hervorgegangen. Es sind Verkehrsschriften, deren Schulformen sich zur persönlichen Handschrift entwickeln.

Zeitgemäße Schriften des 20. Jahrhunderts. Alle gebräuchlichen Schriftarten sind zeitgemäß. Sie werden nach dem jeweiligen Zweck und nach dem Inhalt des Textes ausgewählt. Schriften, die sich nicht durchgesetzt haben, z. B. Jugendstilschriften, sollten vermieden werden, da sie, zumindest in unserer Zeit, keine Lebenskraft haben.

Wie sich die Geschichte der Schrift weiterentwickeln wird, läßt sich nicht voraussagen. Eine früher geübte Schriftpflege, die zu einem geschulten Schriftgefühl aller Gesellschaftskreise führte, ist leider nicht mehr vorhanden. Da zu allen Kunstäußerungen, Malerei, Plastik, Musik u. a. Muße und Besinnung gehören, bedarf es auch zur Pflege und Weiterentwicklung der Schrift dieser Voraussetzung.

STAMMBAUM DER SCHRIFT

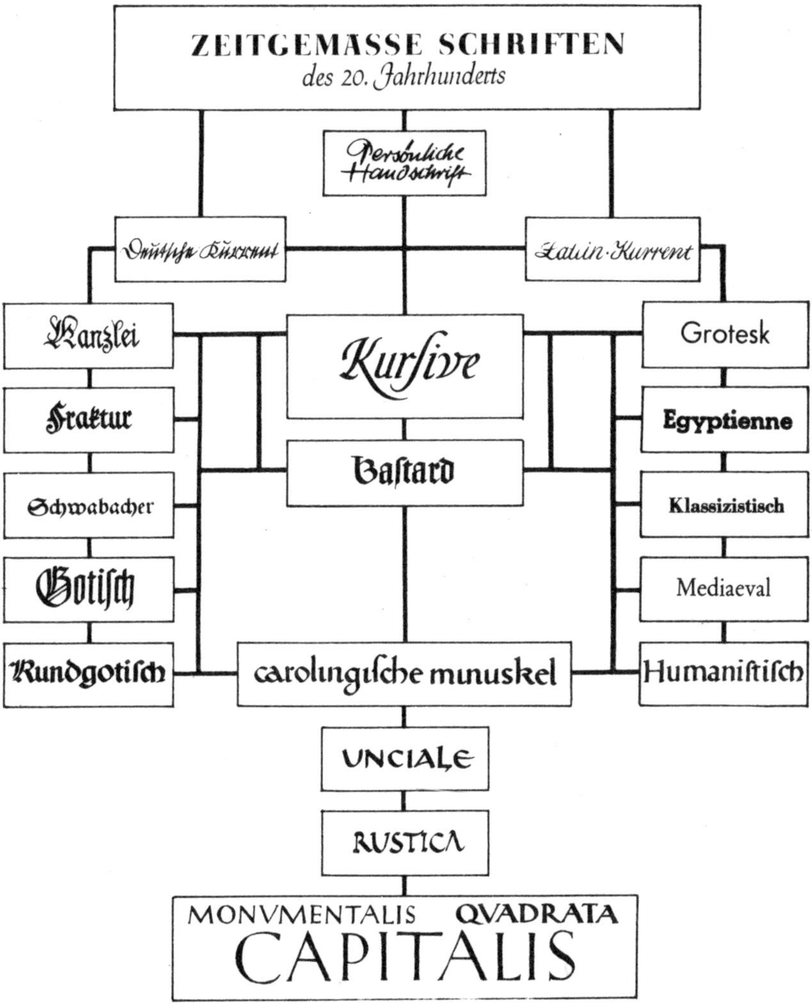

Kleines Stichwort-Verzeichnis

ADRESSE. Geschriebene oder gedruckte mehrseitige Urkunde oder Glückwunsch.

AKZIDENZSCHRIFT. Für alle Drucksachen, außer Zeitungen, Zeitschriften und Büchern verwendete Druckschrift.

ANAXIAL. Schriftanordnung, die nicht symmetrisch ist.

ANTIQUA. Sammelbegriff für alle lateinischen Schriften, die auf das klassische Vorbild der Römer zurückzuführen sind. Erkennungsmerkmal vorherrschend rundliche und ovale Formen.

AQUARELLFARBEN. Mit Wasser, vom Stück oder aus der Tube löslich. Schreibflüssigkeit für Pinsel und Feder.

ATO-FEDER. Markenbezeichnung einer Breitfeder.

AUSZEICHNUNGEN. Hervorhebungen im Text durch andere Schriftgröße, Schriftart oder Schriftfarbe.

BANDZUGFEDER. Bezeichnung verschiedener Federn für Band- und Wechselzüge.

BASTARDSCHRIFT. Vereinigung von Formelementen der Antiqua und deutschen Schriften.

BIMSSTEINPULVER. Zum Abreiben von Pergament mit alkoholgefülltem Wattebausch.

BLATTGOLD. Echtes Gold in dünnen quadratischen Blättchen zum Vergolden der Schrift auf präpariertem Untergrund.

BLOCKSCHRIFT. Mit der Gleichzugfeder geschriebene Schrift, bei der alle Striche gleich stark sind.

BREITFEDER. Schreibgerät mit waagerechter Kante, auch Band- oder Wechselzugfeder, oder, wenn abgeschrägt, Schrägfeder genannt. Bei größeren Breiten mehrmals gespalten oder eingeschnitten.

BREITFEDER-ANTIQUA. Mit gerader Breitfederhaltung geschriebene Antiqua-Schrift.

BROTSCHRIFT. Im Buchdruck zum Satz von Büchern und Zeitungen verwendete Schriften.

BÜTTEN. Bezeichnung für edle Papiere und Kartons.

DECKWEISS. Zum Abdecken und Verbessern unvollkommen gelungener Buchstaben für Reproduktionszwecke.

EGYPTIENNE. Schrift mit gleicher Strichstärke, bei der die Endungen durch gleich starke Striche abgeschlossen sind.

FRAKTUR. Eine Gruppe der deutschen Schriften; entstanden Anfang des 16. Jahrhunderts. Merkmal: gebrochene, aber graziöse Formen.

GLEICHZUGFEDER. Eine Feder, die vorn eine hochgebogene, runde Platte hat, mit der in jeder Schreibrichtung gleichmäßig starke Striche erzielt werden.

GRANIERTE SCHRIFT. Eine Schrift, bei der der Untergrund nicht ganz gedeckt ist.

GRAUWIRKUNG. Wirkung des Schriftbildes im Zusammenklang von Schrift und Hintergrund.

GRAVIERTE SCHRIFT. Mit Stichel oder Nadel in Metall vertiefte Schrift.

GROTESKSCHRIFT. Druckschrift, bei der alle Striche gleich stark sind.

GRUNDLINIE. Gedachte oder gezogene Hilfslinie, auf der der Unterteil der Großbuchstaben und die Mittellängen der Kleinbuchstaben stehen.

HANDSCHRIFT. 1. Die persönliche Verkehrsschrift jedes Menschen. 2. Bezeichnung für ein handgeschriebenes Buch.

HILFSLINIEN. Mit Bleistift auf Papier gezogene oder an der Wand mit Kohle abgeschnürte Linien zum Einhalten der Schriftrichtung und Schriftgrößen.

HUMANISTISCHE SCHRIFT. Zur Zeit der Renaissance auftauchende Verbindung von klassischen Großbuchstaben und karolingischen Minuskeln.

INITIAL. Durch Farbe, Zeichnung oder Größe hervorgehobener Anfangsbuchstabe.

KALLIGRAPHIE. Schönschrift und Schönschreibekunst.

KAPITALIS. Klassische, römische Schrift, nur aus Großbuchstaben bestehend. In der Architektur als KAPITALIS MONUMENTALIS, für Buchzwecke als KAPITALIS QUADRATA bekannt.

KAROLINGISCHE MINUSKEL. Zur Zeit Karls des Großen festgelegte Kleinbuchstabenschrift, die bis ins 12. Jahrhundert weit verbreitet war.

KASEINFARBEN. Wasserfeste mit Kasein geleimte Schreibflüssigkeit, gut geeignet für Wandbeschriftungen.

KLASSIZISTISCHE SCHRIFT. Antiqua-Druckschrift mit sehr dünnen Schraffuren und Haarstrichen.

KONTURSCHRIFT. Nur durch Linien dargestellte Schrift, deren innerer Teil freibleibt, auch lichte Schrift genannt.

KUNSTSCHRIFT. Bezeichnung für alle mit Schreibwerkzeugen g e s c h r i e b e n e n oder gezeichneten Schriftarten, im Gegensatz zur Druckschrift und Verkehrsschrift.

KURRENTSCHRIFT. Handschrift für den persönlichen Gebrauch.

KURSIVSCHRIFT. Nach rechts geneigte, im Winkel von 75 bis 85° stehende Schrift, oft mit Schwüngen versehen.

LASIERTE SCHRIFT. Mit nichtdeckender Farbe geschriebene Schrift, die den Untergrund durchscheinen läßt.

LINIENFÜHRUNG. Strichverlauf des Buchstabens.

LINIEREN. Ziehen von Hilfslinien.

LIGATUR. Buchstabenverbindung, bei denen zwei Buchstaben oder Teile zweier Buchstaben miteinander verbunden sind.

MAJUSKELN. Großbuchstabenschrift.

MEDIAEVALSCHRIFT. Antiqua-Druckschrift, bei der die Endungen ausgeschweift sind.

MINUSKELN. Kleinbuchstabenschrift.

MITTELACHSE. Schriftanordnung, die symmetrisch auf die Mitte ausgerichtet ist.

MITTELLÄNGE. Mittlerer Teil des Kleinbuchstabens, auch n-Höhe genannt, meistens im Verhältnis größer als Ober- und Unterlänge.

MONOGRAMM. Verbindung zweier oder mehrerer Buchstaben zu einer Form.

MONUMENTALE SCHRIFTEN. Überdimensionale Schriftformen.

n-HÖHE. Mittellänge der Kleinbuchstaben.

NEGATIVE SCHRIFT. Hell auf dunklem Grund stehende Schrift.

OBERLÄNGE. Der über die n-Höhe hinausragende Teil eines Kleinbuchstabens.

OPTISCHE SCHRIFTWIRKUNG. Größenverhältnisse, wie sie dem Auge erscheinen im Gegensatz zu den geometrischen Verhältnissen.

ORNAMENTFEDER. Markenbezeichnung einer Plattenfeder.

PERGAMENT. Zum Schreiben präparierte tierische Haut, die sehr widerstandsfähig ist, edler Beschreibstoff.

PLATTENFEDER. Gleichzusetzen mit Gleichzug- oder Schnurzugfeder.

PLAKATSCHREIBER. Bezeichnung eines langhaarigen Flachpinsels, der viel Farbe faßt.

POSITIVE SCHRIFT. Dunkle Schrift auf hellem Grund.

REDISFEDER. Markenbezeichnung einer Plattenfeder.

REPRODUKTION. Wiedergabe geschriebener oder gezeichneter Schriften im Druckverfahren oder in der Fotografie.

RETUSCHIEREN. Nacharbeiten und Überzeichnen einer Schrift.

RUND-GOTISCH. Aus der karolingischen Minuskelschrift entstandene Schriftform, Übergangsschrift zur gotischen Schrift.

RUNDSCHRIFT. Eine nicht mehr gebräuchliche Schrift, die um die Jahrhundertwende für Aktenbeschriftung und als Schönschrift Verwendung fand.

RUNDSCHRIFTFEDER. Ältere Bezeichnung für eine Breitfederart.

RUSTIKASCHRIFT. Mit Schrägfederhaltung geschriebene Antiquaschrift, bei der die Querstriche an den Endungen ebenfalls abgeschrägt sind.

SCHRAFFUREN. Dünne Striche an den Endungen der Buchstaben.

SCHRÄGFEDER-ANTIQUA. Breitfederschrift, bei der die Feder im Winkel von 40 bis 45° aufgesetzt wird und die Endungen schräg bleiben.

SCHLEPPERPINSEL. Spitzpinsel mit langen Haaren zum Aufnehmen von viel Farbe.

SCHNURZUGFEDER. Siehe Gleichzugfeder.

SCHRIFTBILD. Gesamteindruck eines geschriebenen oder gedruckten Textes.

SCHRIFTENFAMILIE. Schriften gleichen Formcharakters, die durch Stärke oder Schrägstellung voneinander abweichen.

SCHRIFTGRAD. Größenbezeichnung für Druckschriften.

SCHRIFTGRÖSSE. Größe eines Buchstabenbildes. Bei Großbuchstaben die Gesamthöhe, bei Kleinbuchstaben die Mittellänge.

SCHRIFTNAMEN. Neben den historischen Gattungsnamen der Schriften werden Druckschriften mit Namen versehen, die an eine Person erinnern oder den Charakter einer Schrift ausdrücken; z. B. »Claudius« oder »Stahl«.

SCHWABACHER-SCHRIFT. Im 15. Jahrhundert entstandene Druckschrift, die weite Verbreitung fand.

SCRIBTOL. Markenbezeichnung für eine Tusche.

SERIFEN. Ausschweifung an den Endungen der Buchstaben, oft in eine Schraffur übergehend.

SPITZFEDERSCHRIFT. Mit der Zeichenfeder geschriebene Schriftform.

STANNIOL. Wird benutzt zum Abdecken des Untergrundes auf Glas oder für Schablonenzwecke.

STRICHSTÄRKE. Die Breite eines Buchstabenstriches.

STUPFEN. Das Auftragen von Farbe mit einem Pinsel nicht durch Streichen, sondern durch Auf- und Abheben des Pinsels.

TEMPERAFARBE. Mit Eiweiß gebundene, in Wasser lösliche Schreibflüssigkeit.

TO-FEDER. Markenbezeichnung für Bandzug- oder Wechselzugfeder.

ÜBERFEDER. Zusätzlicher Federteil, der auf eine Schreibfeder aufgesetzt wird, dient zum Aufnehmen und längeren Halten der Schreibflüssigkeit.

UNTERFEDER. Hat denselben Zweck wie die Überfeder, jedoch unter der Feder angebracht.

UNTERLÄNGE. Der unter die Grundlinie reichende Teil eines Kleinbuchstabens.

UNZIALSCHRIFT. Weder Groß- noch Kleinbuchstabenschrift, bei der an einigen

Formen Ober- und Unterlängen vorhanden sind. Vorherrschend runde Linienführung.

VERKEHRSSCHRIFT. Für den handgeschriebenen Schriftverkehr.

VERSALIEN. Großbuchstaben.

WECHSELZUGFEDER. Auch Bandzug- oder Breitfeder genannt (s. dort).

WINKELVERSCHIEBUNG. Tritt auf bei Drehung einer breiten Feder (Band- oder Wechselzugfeder), verändert die Dicke des Striches.

ZIERSCHRIFTEN. Verzierte, schraffierte u. a. Schriften, die besonders für Glückwünsche und besondere Zwecke Verwendung finden.

DRUCKSCHRIFTEN VON HANS KÜHNE FÜR SCHRIFTGIESSEREI GEBR. KLINGSPOR, OFFENBACH/MAIN

1. Deutsche Großbuchstaben zur Offenbach von Rudolf Koch, 1934
2. Halbfette Offenbach, 1937
3. Fette Offenbach, 1936
4. Schmalfette Offenbach, 1937
5. „Stahl“ mit 6 Ergänzungsschriften (Garnituren), 1937-1952
6. Kühne-Schrift, 1937
7. Kühne-Antiqua, 1939
8. Andreas-Schrift, 1942